PÉDAGOGUES

LE PASTEUR OBERLIN

LOÏC CHALMEL
Docteur ès Sciences
de l'éducation

PRESSES UNIVERSITAIRES DE FRANCE

PÉDAGOGUES ET PÉDAGOGIES

Collection dirigée par
Jacques Ardoino
Francine Best
Gaston Mialaret
Michel Soëtard

ISBN 2 13 050215 6
ISSN 1255-2488

Dépôt légal — 1re édition : 1999, juillet

Sommaire

> Il ne sert à rien de dénoncer les rides d'un visage, ni de mettre en évidence les fruits véreux égarés dans la récolte, pas plus que de reprocher au soleil les taches qu'il peut avoir, mais il importe qu'au pays d'Oberlin les généreux idéaux du pasteur ne soient pas réduits à quelques souvenirs pieux offerts à la vénération des visiteurs.
>
> Solange Hisler-Hazemann

Présentation

HÉRITAGES

Le Ban de la Roche

L'enracinement au cœur de l'environnement socioéconomique, qui marque une étape historique du développement dans une société donnée, représente l'une des nécessités premières de toute pédagogie. Qu'il agisse en symbiose ou en réaction avec les idées de son temps, le pédagogue est nécessairement un être historique, porteur de son époque et de ses préoccupations. Aussi, pour comprendre le développement de discours particulièrement novateurs du pasteur Jean-Frédéric Oberlin (1740-1826) dans le champ pédagogique au Ban de la Roche, est-il nécessaire de s'imprégner au préalable des conditions géographiques, historiques, économiques, politiques et sociales qui constituent le cadre d'exercice du ministère des différents pasteurs qui se succèdent dans cette contrée isolée depuis l'introduction de la réforme.

L'implantation géographique du Ban de la Roche sur le versant occidental du massif vosgien, le situe dans une zone climatique à fortes précipitations en toutes saisons, sous forme de pluie en été ou de neige en hiver. L'habitat relativement dispersé, autour de cinq villages principaux et de trois hameaux, s'étage depuis Fouday, dans la vallée de la Bruche (410 m), jusqu'au Champ du Feu qui culmine à 1 100 m. Le climat rude, combiné à la difficulté d'accès à une région montagneuse en retrait par rapport aux principales voies de communication, a donné à la population autochtone un caractère grégaire peu propice aux échanges, d'autant que la pratique du patois comme langue véhiculaire, représente un obstacle (ou une protection) supplémentaire à la communication vers l'extérieur, aussi bien vers la Lorraine francophone que vers l'Alsace germanique. L'isolement du *Steinthal* induit paradoxalement une vocation de terre d'asile permettant, outre l'accueil de réfugiés de diverses origines, le développement d'innovations dans les domaines pédagogiques et sociaux impensables à la même époque en un lieu plus accessible.

La réforme s'installe de manière définitive au Ban de la Roche, avec l'arrivée en 1584 du comte palatin Georges-Jean de Veldenz (1543-1592). Les pasteurs alsaciens ne maîtrisant pas la langue française, il fallut rapidement nommer des ministres familiarisés avec cette langue, ce qui détermine les comtes de Veldenz à recruter au pays de Montbéliard alors possession wurtembergeoise, leur personnel pastoral. Une ordonnance de Louis XIV interdisant de faire venir des pasteurs de l'étranger, la faculté théologique de Strasbourg procure au Ban de la Roche, à partir de 1726, des ministres possédant (en principe) les deux langues. Compte tenu des conditions socioéconomiques particulièrement difficiles liées à l'exercice du ministère pastoral à Waldersbach, chef lieu du comté, le séjour des pasteurs est souvent très court, ne permettant pas de mettre en œuvre une politique éducative durable. Les conditions climatiques et financières du poste rebutent les plus courageux ; être nommé au Ban de la Roche paraît plus comme une punition que comme un avancement...

L'Alsace n'a pas connu les guerres de religion : le traité de Westphalie dont la signature en 1648 met fin à la terrible guerre de trente ans, assure le maintien d'une certaine liberté confessionnelle. Mais seuls les Luthériens sont protégés par la loi. C'est dans ce climat général difficile que le piétisme apparaît en Alsace au début du XVIIIe siècle. Comme dans l'ensemble du monde germanique, le réveil piétiste connaît en Alsace deux générations : la première trouve sa source dans les *Pia Desideria* de Spener (1635-1705), et voit sa foi nourrie des prédications de pasteurs formés par Francke (1663-1705) à Halle. La deuxième génération se nourrit des idées des Frères moraves de Herrnhut. Le « réveil piétiste » est condamné à la clandestinité, ce qui ne l'empêche nullement de vivre et de se développer. Mais tout affichage public étant interdit, les piétistes alsaciens ne peuvent concrétiser leurs idées dans le domaine éducatif ou social, à l'exception peut-être d'une vallée vosgienne très isolée, si peu accessible que le contrôle des autorités est beaucoup plus difficile, et dont la population « à demi sauvage » présente un intérêt limité pour l'élite intellectuelle luthérienne...

La première présence reconnue d'un pasteur piétiste au Ban de la Roche, est celle de Léopold-Georges Pelletier, pasteur à Waldersbach de 1707 à 1712. Pendant cette courte période, il exerce une influence déterminante sur ses paroissiens, ce qui conduit Oberlin à rendre hommage à l'œuvre de l'homme qu'il considère comme le véritable fondateur de la communauté évangélique du Ban de la Roche. Pelletier s'efforce en effet de sortir ses paroissiens de leur torpeur intellectuelle et organise avec certains d'entre eux des réunions de « réveil », à l'image des *collegia pietatis* imaginés par Spener.

Jean-Georges Stuber

Jean-Georges Stuber, élève du célèbre helléniste Frédéric-Jacques Reuchlin (1695-1788), s'installe à son tour dans le misérable presbytère de Waldersbach le 15 juin 1750, à l'âge de vingt-neuf ans. Il se met aussitôt à l'ouvrage et entreprend une réforme complète de l'enseignement. Le jeune prédicateur est persuadé que seule l'instruction qui permit au fils d'artisan qu'il est, d'accéder au savoir et d'approfondir sa foi, peut favoriser l'élévation progressive du niveau intellectuel, spirituel et matériel de ses paroissiens. L'apprentissage de la lecture représente dans cette perspective un objectif fondamental. Il s'emploie donc à créer des structures où chacun, adulte comme enfant, pourra accéder à cette compétence essentielle dans la quête du savoir. On reconnaît ici les principaux éléments de la pensée piétiste originelle : Stuber répond à l'appel de Spener pour agir dans le cadre du sacerdoce universel. Conscient qu'un homme seul ne peut suffire à cette tâche, il s'entoure d'une équipe de maîtres suffisamment compétents et issus du terroir, afin que ces derniers s'installent à demeure et inscrivent leur action dans le temps. Il leur donne le titre de « régents », et se charge lui-même de leur formation. Merveilleusement doué pour la musique, Stuber met l'enseignement du chant et du solfège au programme de la formation professionnelle des régents puis, par leur intermédiaire, au programme des écoles. Après une parenthèse de cinq années faisant suite au décès de sa première épouse, le renouveau éducatif mis en œuvre au Ban de la Roche connaît un nouveau départ en 1760 à travers la réorganisation les écoles par classes, en fonction du développement intellectuel des élèves, suivant le plan de Coménius (1592-1670), ce qui n'avait jamais été réalisé jusque-là. La scolarisation des petits paysans du Ban de la Roche est un combat de tous les instants que le pasteur doit mener contre l'avarice des parents, la négligence des autorités, l'ignorance de beaucoup de maîtres... On ne peut qu'être frappé par la « modernité » des principes du « système Stuber » : fréquentation obligatoire, allongement du temps scolaire, stabilité du corps enseignant et contractualisation des engagements par rapport aux autorités, revalorisation du salaire des maîtres, égalité de tous devant l'instruction et la rémunération des régents.

A partir de 1763, dans les cinq villages du Ban de la Roche, l'école pour les enfants et les cours du soir pour les adultes se tiennent régulièrement. Le pasteur réussit à intéresser certaines personnalités strasbourgeoises à la cause des écoles de sa vallée. Il reçoit ainsi plusieurs dons en argent ; ces sommes sont placées sous le nom de *Fondation scolastique*, les intérêts étant distribués annuellement aux maîtres d'école en fonction du nombre d'élèves enseignés et à leurs élèves par rapport aux progrès accomplis. Les résultats sont proclamés une fois par an, lors d'une sorte d'examen public auquel assiste l'administrateur de la fondation.

Le problème de la maîtrise de la langue française lui paraissant fondamental pour permettre un désenclavement social et économique du Ban de la Roche il n'est pas surprenant que l'ouvrage didactique le plus remarquable du pasteur soit une méthode de lecture originale, l'*Alphabet méthodique pour faciliter l'art d'épeler et de lire en français* qui paraît le 16 avril 1762 à Strasbourg chez Schuler et qu'il espère particulièrement bien adaptée pour faire face à la principale difficulté rencontrée par ses élèves : la différence, spécifique à la langue française, entre graphie et phonie. La méthode mise au point par Stuber représente probablement l'un des tous premiers essais de manuel pour apprendre à lire au plus grand nombre. L'apprentissage est conçu autour d'un véritable solfège linguistique ; l'effet recherché est autant le déchiffrage que la prononciation correcte et sans accent de la langue. Par mesure d'économie l'*Alphabet méthodique* ne compte que vingt pages, imprimées sur un petit format, sans reliure. Cet opuscule reste en usage dans les écoles du pays bien après le départ de Stuber et les résultats obtenus dépassent les espérances de son promoteur.

Enfin, si la Bible reste le livre à privilégier dans l'esprit de Stuber, celui-ci est parfaitement conscient de son caractère peu utile pour répondre à une multitude d'aspects pratiques de la vie des Ban de la Rochois. Avec le développement du nombre de lecteurs potentiels, il prend conscience de la nécessité de multiplier les supports de lecture. Après l'alphabétisation et l'évangélisation, apparaît l'idée de développer une véritable culture populaire. C'est ainsi qu'il conçoit le projet d'une bibliothèque de prêt, ses paroissiens n'ayant pas les moyens d'acheter des livres par eux-mêmes. Il acquiert donc une centaine de volumes sur ses propres deniers et les met en circulation parmi les habitants des différents villages. Le service de prêt fonctionne généralement à la sortie des offices et connaît rapidement un franc succès. Les livres circulent de main en main, à la grande joie de Stuber qui vient ainsi de créer la première bibliothèque de prêt au monde. Parmi les cent premiers volumes mis à la disposition des habitants, on trouve, outre la Bible et différents écrits d'inspiration religieuse, des ouvrages de botanique, de médecine, d'agriculture, d'arboriculture, d'histoire... Jean-Frédéric Oberlin reprendra l'idée de son prédécesseur et portera rapidement le nombre d'ouvrages de la bibliothèque à environ 500.

Ainsi, grâce au système éducatif cohérent, en parfaite symbiose avec son milieu d'exercice, mis en place par son prédécesseur, Oberlin n'hérite-t-il pas d'un terrain en jachère ni d'une organisation sociale anarchique des ouvriers, mais d'un champ soigneusement labouré dans lequel il va pouvoir semer sous le regard attentif de son régisseur strasbourgeois. Seule l'éducation de la petite enfance reste absente des réalisations mises en œuvre pendant le séjour de Stuber à Waldersbach.

Conscient du chemin parcouru depuis 1750, Jean-Georges Stuber ne peut accepter de voir tous ses efforts réduits à néant par un successeur incompétent. Lorsqu'il accepte le poste de troisième pasteur à l'église Saint-Thomas de Strasbourg qu'on lui propose au début de 1767, il décide de ne pas quitter Waldersbach sans avoir trouvé lui-même, un remplaçant capable de poursuivre et d'enrichir le travail éducatif engagé avec les difficultés que l'on sait : c'est alors qu'il demande à son jeune collègue, Jean-Frédéric Oberlin d'accepter le poste du Ban de la Roche.

PÉDAGOGIE PASTORALE

Un projet éducatif global

Ainsi Jean-Frédéric Oberlin, âgé de vingt-sept ans, accomplit le 30 mars 1767 les huit heures de trajet nécessaires pour joindre Strasbourg à Waldersbach. Il connaît alors toutes les difficultés du pédagogue à l'orée de sa carrière : pensant pouvoir réaliser rapidement un certain nombre de transformations, il se heurte à des obstacles toujours renaissants qui surgissent devant lui, bloquent toute initiative, détruisent en un instant les constructions de la veille élaborées au prix de patients efforts. C'est une période difficile et décisive pendant laquelle il faut asseoir son autorité, assumer l'héritage d'un homme qui avait su toucher le cœur de ses paroissiens, trouver un moyen d'entrer véritablement en symbiose avec ces paysans.

Il est impossible de dissocier le projet éducatif du système économique et social mis progressivement en œuvre par le nouveau ministre du Ban de la Roche, tant les finalités des différentes institutions constitutives de ce système participent du même esprit de solidarité et de militantisme évangélique. Oberlin, apôtre infatigable d'un « christianisme social » n'exclut *a priori* aucun des aspects de la vie courante du cadre de son ministère. Héritier de la tradition piétiste, il reste indéfectiblement convaincu du fait que l'élévation de l'âme humaine vers le spirituel, passe inévitablement par une amélioration sensible des conditions matérielles de l'existence. Ainsi, s'emploie-t-il simultanément :

— au développement d'une industrie de tissage et de filage de la laine et du coton à dimension humaine, adaptée à la population et à ses besoins ;
— au développement de l'agriculture, par l'introduction de nouvelles semences, de techniques de cultures rénovées prenant en compte : l'amendement des sols, l'irrigation, la plantation et la greffe d'arbres fruitiers, la connaissance des plantes sauvages, la rationalisation des méthodes utilisées dans l'élevage de la volaille... ;
— à la construction d'un réseau routier facilitant les échanges commerciaux tant avec la plaine d'Alsace qu'avec la Lorraine ;
— à l'amélioration des conditions d'hygiène et d'habitat, au financement de la formation de « sujets capables » à des professions utiles au bien public, comme par exemple celle de sage-femme...

Comment un jeune citadin peut-il être reconnu compétent, par la population rurale qui l'entoure, dans des domaines d'activités aussi diversifiés, généralement peu en rapport avec l'image traditionnelle que l'on se fait de la mission d'un ecclésiastique ? Sa carrière pastorale se présente comme l'apologie d'une formation pluridisciplinaire de l'homme : pour mener à bien ses projets les plus divers, Oberlin utilise au mieux toutes les connaissances qu'il a pu glaner pendant son enfance et au cours de sa formation universitaire longue et diversifiée à Strasbourg. Il recherche ce qui lui fait défaut dans ses lectures, curieux de la pensée pédagogique, philosophique et religieuse de son temps comme en témoigne ses nombreuses notes. Il se sert par exemple de son expérience de précepteur des enfants du chirurgien strasbourgeois Ziegenhagen (1706-1771), tant du point de vue des applications pédagogiques, que pour mettre au service de la collectivité ses connaissances dans les domaines de la médecine ou de la pharmacie. Au contact de la famille Ziegenhagen Oberlin apprend la patience nécessaire à l'éducateur, étudie le caractère de ses élèves, s'intéresse aux démarches à mettre en œuvre pour faciliter l'apprentissage, organise des promenades ou des excursions pour compléter les études livresques, modère les excès de son caractère... Ziegenhagen qui a une estime particulière pour l'instituteur de ses enfants, lui propose la lecture de livres sur les premiers éléments théoriques et pratiques de médecine et de chirurgie, l'initie à l'art de calmer la douleur grâce aux vertus thérapeutiques des plantes, au maniement du bistouri, à la pratique de gestes médicaux élémentaires. Toutes ces connaissances nouvelles seront particulièrement utiles au pasteur dans son ministère à Waldersbach, où il aura parfois à remplir les fonctions de médecin, voire celles de vétérinaire. Son savoir-faire en agriculture, remarquable pour un citadin, le pasteur le doit aux leçons reçues pendant les vacances à la propriété familiale de Schiltigheim où les enfants du Pr Oberlin devaient s'exercer, sous la direction du régisseur, aux travaux du potager, des champs et des prés. Cet apprentissage inattendu lui permet de s'affirmer auprès de ses paroissiens comme un homme de la terre, donnant l'exemple d'un travail intelligent et rationnel des sols, capable de proposer une technique efficace pour l'irrigation ou la culture.

La prédication d'Oberlin témoigne de cet enracinement, de cette volonté farouche, héritée de Stuber, de se faire lui-même citoyen du Ban de la Roche. Être historique, ancré dans un terroir, porteur de son époque et des questions de son époque, il cherche dans le message biblique des réponses nouvelles à ces questions. Le chantier ouvert au Ban de la Roche constitue le fil conducteur d'un questionnement dialectique et mutuel entre les aléas d'un vécu quotidien aux multiples facettes et l'étude de la parole de Dieu porteuse du sens propre à éclairer tout projet humain : « Tout comme le pain accompagne tous nos autres aliments sur terre, de même l'étude de la parole de Dieu doit accompagner toutes nos autres études, et elle continue de même jusqu'au bout de notre carrière ici-bas, en suppliant le Seigneur, qui en est l'auteur, de nous en faire connaître le vrai sens, et de nous donner les forces de nous y conformer fidèlement. » Un sermon n'est ainsi jamais conçu comme une simple réflexion plus ou moins mystique sur les textes et le positionnement de pédagogue pastoral exige la prééminence de l'action sur la parole : en pédagogie, le faire est à la source du dire, comme en témoigne le soutien indéfectible du pasteur au personnel enseignant de sa paroisse.

Mais au-delà de la nécessaire confrontation à l'action, le référentiel théologique qui en constitue la grille de lecture quotidienne reste toujours bien présent aux yeux de l'observateur attentif. Dans ses rapports épistolaires avec les intellectuels de son époque, le discours évangélique est source de désystématisation, de compréhension, d'ouverture ; il doit progressivement rendre les mêmes services à ses paroissiens, bien au-delà de leurs certitudes ancrées dans la tradition, de leur soumission aux aléas du temps et de l'histoire. Le questionnement dialectique de la théorie par la pratique, de l'action par les textes, alimente la démarche pédagogique pastorale. Cette confrontation est à la base d'un savoir évangélique populaire rénové, à l'aide duquel Oberlin tente de générer chez ses paroissiens une insatisfaction, entraînant à nouveau une quête de mieux-être physique, économique et moral.

Pourtant, le message évangélique et la vie quotidienne des hommes du Ban de la Roche ne pourront jamais se réduire l'un l'autre. Le quotidien déborde toujours la théorie. Le message biblique ne parviendra jamais à assimiler le vécu des hommes. Ainsi, la médiocrité est l'une des conséquences nécessaire de cette pédagogie pastorale : le théologien n'échoue pas, son exégèse exclut l'homme au quotidien des réflexions sur la doctrine ; le pasteur-prédicateur n'échoue pas, il cherche des raisons, des fautes, et renvoie l'échec aux insuffisances des hommes à relier les actes qu'ils posent aux textes qui sont sensés les guider. Pour le pasteur-pédagogue, si l'échec est une nécessité, il est aussi une valeur, une puissante motivation à redoubler d'efforts. La forme même de ses prédications, analysée hors du contexte de la pédagogie pastorale, peut elle aussi être perçue comme médiocre : « Chacun comprend le français, néanmoins je dois présenter mon exposé de façon très compréhensible et très simple, ce qui me vaut parfois le mépris des gens plus érudits qui se considèrent comme sages, mais ont une mentalité de pharisiens. Mais qu'importe, moi, en tout cas, j'évite le style pédant des livres que la très grande majorité trouve certes beau, sans toujours le comprendre. » Elle constitue cependant un outil de transposition didactique unique et indispensable, permettant à ces auditeurs de se faire pédagogues à leur tour, dans le cadre d'un sacerdoce universel vécu au quotidien, auprès de leurs enfants, de leurs parents, de leurs voisins... La pédagogie pastorale impose à chacun une élaboration de sa propre recherche en situation par l'analyse de son propre faire. La finalité d'une telle démarche peut dans cette perspective, être comprise comme la nécessité de proposer des méthodes qui pourront en aider d'autres !

Les quelque 800 sermons de Jean-Frédéric Oberlin qui sont parvenus jusqu'à nous témoignent de cette démarche anthropologique, visant à insérer le destin des hommes dans une cosmologie référentielle. Construit autour d'événements de la vie quotidienne comme : l'éducation des enfants, la marche des écoles, l'éducation familiale, l'organisation du travail et des loisirs, un projet pédagogique global s'écrit, confronté aux vicissitudes de l'histoire. Le référentiel théologique en fournit le cadre, fortement marqué par les idées piétistes moraves à l'origine, s'enrichit au cours du temps d'apports contradictoires : la prise en compte des idéaux républicains d'une part, et l'attrait du pasteur pour une certaine forme de mysticisme d'autre part. Ces sermons représentent ainsi une des sources les plus intéressantes pour comprendre l'évolution d'une pensée. Plus particulièrement dans le champ de l'éducation, comment l'argumentation qui permet d'associer le petit peuple du Steinthal à la construction de la nouvelle école libératrice s'élabore-t-elle ? Le dialogue pastoral et pédagogique qui s'engage avec eux, à travers l'analyse et la compréhension de phénomènes quotidiens, induit la modification des données pratiques à l'aide de référentiels théoriques. Il en est ainsi de la renaissance des écoles, de la mise au point de l'alphabet méthodique et de la bibliothèque de prêt portées par les idées piétistes de la première génération, et de l'émergence des petites écoles portée par le référentiel piétiste de la seconde génération.

Il reste que pour mener à bien les premières réalisations de son ministère au Ban de la Roche, Jean-Frédéric Oberlin profite largement de l'appui financier et des judicieux conseils de son prédécesseur Jean-Georges Stuber, plus que jamais attentif à l'évolution culturelle de son ancienne paroisse. La construction d'une école à Waldersbach et le développement de la bibliothèque de prêt représentent à cet égard deux aspects significatifs de la remarquable collaboration qui s'instaure alors entre les deux hommes. Stuber compte sur la jeunesse et le dynamisme de son successeur pour mener à bien la seconde phase d'une réforme pédagogique de longue haleine entreprise en 1750 : la construction d'établissements d'enseignement adaptés aux méthodes d'éducation rénovées qu'il a introduites. C'est ainsi que prend forme le concept d'une « maison-école ». Véritable lieu de vie, elle ne se distingue des autres habitations que par l'existence en son sein d'une salle spécialisée pour rassembler les enfants (le « poêle d'école ») ainsi que des chambres pour les « pensionnaires », enfants venus de la ville pour un temps de formation plus ou moins long auprès du pasteur Oberlin, ce qui représente une aide financière précieuse pour l'entretien du bâtiment.

Pour ce qui concerne le perfectionnement des procédés didactiques utilisés avec les enfants, Oberlin entreprend en 1778 puis en 1780 des « voyages pédagogiques » à travers le Bade-Wurtemberg qui lui permettent de confronter la réalité locale avec ses propres pratiques. Suite aux observations faites lors de ce séjour, il décide de codifier dans le même temps le programme scolaire élémentaire, la conduite à tenir en matière de discipline, de méthode, d'émulation et de formation des enseignants.

La bibliothèque de prêt, instituée par Stuber, prend avec son successeur une extension importante : le catalogue des livres de la bibliothèque de Waldersbach atteste de l'accroissement du fond, aussi bien quant à la quantité d'ouvrages mis à disposition du public que par la grande diversité des sujets traités : religion, philosophie, biologie, astronomie, géographie, littérature... Ainsi les éducateurs du Ban de la Roche, régents ou conductrices de la tendre jeunesse disposent-ils d'un véritable outil de documentation pédagogique avec ces cahiers thématiques rédigés par le pasteur à partir de lectures, ou de connaissances empiriques. La documentation écrite se complète progressivement d'une collection complète d'histoire naturelle (minéralogie, biologie...), de jouets à caractère éducatif et d'herbiers. Cet édifice pédagogique hétéroclite se construit autour de l'idée centrale selon laquelle la contemplation de la nature et la compréhension des phénomènes qui régissent son fonctionnement rapproche l'homme du divin Créateur. L'être humain n'est pas destiné à subir les phénomènes naturels, mais doit chercher à les comprendre et à les utiliser au mieux. La création est régie par des lois parfaites, chaque chose, chaque être vivant participe à cette perfection. L'homme, principal héritier de la création, ne peut se contenter pendant son séjour sur terre d'une contemplation passive des phénomènes naturels, mais doit plutôt faire preuve de curiosité et d'ingéniosité pour trouver sa place au sein du monde en mettant ses compétences au service de ses semblables.

L'accès du livre au plus grand nombre est une préoccupation constante pour Oberlin. Nul ne doit être exclu *a priori* de l'univers culturel contenu dans la langue écrite. Il aide ainsi les plus démunis à acheter des manuels scolaires à moitié prix, sans pour autant en faire le don, la moitié du prix restant, étant due en heures de travail, au régent d'école. Ce système ingénieux permet à la fois de faire considérer le livre comme un bien précieux (son prix devient « mesurable », car il équivaut à une quantité de travail), et dans le même temps, d'en permettre l'acquisition à ceux qui ont peu de revenus.

Si dans le champ éducatif, la construction de maisons d'école ainsi que la gestion et le développement des bibliothèques de prêt, représentent les deux aspects les plus saillants de l'héritage des pratiques pédagogiques de Stuber, le référentiel idéologique qui inspire les actes posés par Oberlin est sensiblement différent de celui de son prédécesseur. Oberlin, comme le montre en particulier la correspondance entretenue avec la Convention de Herrnhut, est l'enfant de la deuxième génération des piétistes strasbourgeois, imprégnés des idées de Zinzendorf et de la nouvelle naissance. Marie-Madeleine, sa mère, est en particulier à l'origine de la conversion de son fils à la foi morave. La certitude du salut acquise par Oberlin lors de sa « nouvelle naissance » est directement liée à l'héritage des milieux moraves. Jean-Georges Stuber, disciple de Spener, l'exhorte à plus de prudence dans son élan du cœur envers la Communauté des Frères et lui fait part des risques de dérives idéologiques possibles liées à leurs pratiques communautaires. C'est principalement en raison de cette divergence de vues, que Jean-Frédéric Oberlin se détache progressivement de la bienveillante tutelle de Stuber. Il n'est à cet égard pas surprenant que leur première véritable pierre de discorde concerne par ailleurs la création des « poêles à tricoter » en 1770. Ainsi le génie pédagogique du « disciple de Stuber » parvient-il à sa plénitude dans la création des « poêles à tricoter », institution originale et sans précédent dans l'histoire de l'éducation, qui vient compléter le système existant en lui procurant le fondement qui fait défaut : la « petite école dans l'école » transposition dans le champ éducatif de la nouvelle *ecclesiola in ecclesia* des Frères moraves.

Les poêles à tricoter

L'état d'abandon dans lequel sont laissés les jeunes enfants par leur famille est une préoccupation majeure pour Oberlin à l'aube de son ministère. Inutiles aux travaux agraires avant l'âge de six ans, beaucoup restent des journées entières livrés à eux-mêmes, sans aucune surveillance, sans éducation ni chaleur humaine, dans des conditions d'hygiène plus que douteuses. Au printemps de 1769, la crue du ruisseau emporte l'un d'entre eux. Ce fait semble avoir profondément marqué le pasteur, qui depuis cet accident est à la recherche d'une solution pour retirer les plus jeunes de l'état d'abandon dans lequel ils se trouvent. Depuis son arrivée au Ban de la Roche, il s'emploie pourtant à convaincre les adultes de leur responsabilité devant Dieu en ce qui concerne l'éducation des enfants !

Enfin, en septembre 1769, Oberlin se rend à Belmont où il découvre un petit groupe d'enfants rassemblés autour d'une jeune villageoise, qui de sa propre initiative accorde en sa présence l'idée de l'enseignement du tricotage avec celle de l'éducation de la petite enfance. La rencontre entre Oberlin et les jeunes enfants rassemblés autour de Sara Banzet en cette fin d'année 1769, est donc à l'origine de l'institution des « poêles à tricoter » animés par les « conductrices de la tendre jeunesse ». Au Ban de la Roche, le poêle c'est la salle commune, endroit privilégié pour se retrouver autour de la chaleur bienfaisante du foyer. Ainsi à l'origine, le poêle à tricoter ne représente pas une construction originale, mais la salle commune d'une maison d'habitation ordinaire, prêtée occasionnellement pour accueillir les jeunes élèves des conductrices.

A la suite de Belmont, les villages de Bellefosse et de Waldersbach sont les premiers à être dotés d'un poêle à tricoter. Jean-Frédéric Oberlin donne d'emblée un véritable statut social à ses conductrices et prend soin de passer un contrat écrit avec leurs parents. Il procède de la même manière pour la location des poêles. La teneur de ces contrats témoigne de la volonté du pasteur d'asseoir au plus vite ce nouvel institut éducatif sur des bases légales. Dès l'origine, il ne s'agit nullement d'une œuvre de charité, mais de l'emploi rémunéré d'institutrices qui se substituent aux parents déficients pour l'éducation des enfants les plus jeunes. Les conductrices sélectionnées par Jean-Frédéric Oberlin sont de jeunes filles, célibataires et non émancipées, ce qui l'oblige à obtenir l'accord préalable du chef de famille. Ce choix n'est pas anodin et participe de la finalité éducative même de l'institution :

— la connaissance du Divin dans la théologie morave, est avant tout liée à l'éducation des sens ; la raison s'avère souvent être un obstacle à la quête spirituelle, comme le laisse entrevoir la parole du prophète : *Mes chemins ne sont pas vos chemins.* Pour les pédagogues moraves, dont Coménius constitue indiscutablement la figure emblématique, la femme, et singulièrement la mère, possède cette sensibilité exacerbée qui la rend particulièrement apte à interagir sur le potentiel sensitif et émotionnel du jeune enfant ;
— les mères étant actuellement hors d'état d'assurer de manière satisfaisante l'éveil des sens de leurs enfants, du fait de leur manque de disponibilité et des conditions économiques et sociales précaires du Ban de la Roche, il devient alors nécessaire de leur substituer des personnes du même sexe, qui, libérées des contraintes domestiques, seront à même de mener à bien cette mission difficile. D'où l'idée de confier les enfants à des filles jeunes, sans charges familiales. La rémunération accordée pour ce travail constitue une

garantie d'indépendance de l'institution par rapport aux familles, et devient un gage de sérieux et d'engagement professionnel pour ces jeunes institutrices ;

— dans l'esprit de Jean-Frédéric Oberlin, le jeune âge, lorsqu'il s'accompagne d'une valeur morale reconnue, est synonyme de plus grande éducabilité cognitive, d'esprit d'entreprise et d'enthousiasme militant. Dans la suite de son ministère, le pasteur choisit ses conductrices parmi les adolescentes dont il a l'occasion d'observer le comportement de la petite école à la confirmation.

Ce caractère contractuel de la fonction de conductrice est particulièrement remarquable. Il donne aux jeunes paysannes qui s'engagent aux côtés d'Oberlin un véritable statut social dans l'accomplissement d'une réelle tâche de service public au sein de la société ban de la rochoise. Cette situation est sans commune mesure avec certaines pratiques sociales ségrégationnistes, particulièrement en ce qui concerne la place de la femme dans la société patriarcale du XVIIIe siècle. En outre, les discours officiels sur la petite enfance, même lorsqu'ils émanent de milieux réputés progressistes, nient le plus souvent une « éducabilité » possible du jeune enfant avant sept ans, et reconnaissent aux seules familles une responsabilité essentiellement nourricière jusqu'à cet âge. Les piétistes constituent peut-être à cet égard une exception culturelle unique, si l'on considère avec eux que, pour guider l'âme de l'homme vers le Dieu créateur, toute perte de temps est préjudiciable... Sous l'impulsion du pasteur, les conductrices s'emploient à promouvoir la pratique de la langue française, et à rendre en quelque sorte les enfants « étrangers » à leurs parents qui pour la plupart ne parlent que patois. Ainsi, les attaques dont cet institut de préscolarisation original et sans précédent historique est victime à l'origine sont autant internes qu'externes au Ban de la Roche et révèlent avant tout un problème social, centré autour de la personne des conductrices. Les tracasseries de tout ordre relèvent essentiellement du refus par les pères de la remise en cause d'habitudes sociales concernant la place respective des sexes dans la communauté.

L'isolement du Ban de la Roche est en cet hiver 1769 un atout précieux ; dans toute autre contrée plus accessible, les autorités strasbourgeoises auraient vraisemblablement mis un terme rapide à tout le système élaboré par Oberlin, prétextant le caractère scandaleux que revêt à cette époque l'idée de confier à des jeunes filles inexpérimentées l'éducation des plus jeunes enfants.

Un projet éducatif cohérent de la petite enfance à l'âge adulte, effectué dans des structures adaptées, est désormais possible. Cette Institution constitue dès lors la pierre d'angle de l'édifice pédagogique et religieux du Ban de la Roche, celle d'où tout part et où tout revient, une illustration possible de la « petite église dans l'église » chère aux piétistes et aux Moraves.

C'est dans le village de Bellefosse que s'ouvre le chantier de la première maison d'école regroupant un institut préscolaire et une structure d'éducation élémentaire. L'idée a fait son chemin, les paysans prennent en main les travaux dans un élan de générosité conforme à l'esprit de « la petite église dans l'église ». Une dynamique de prise en charge communautaire de la question éducative s'est amorcée, chacun se sent désormais responsable et impliqué à son niveau. Le petit peuple de Bellefosse rassemblé autour du chantier de sa maison d'école se découvre une vocation de bâtisseur.

Après avoir donné un espace physique propice au regroupement des petits enfants autour de leur conductrice, il reste au pasteur Oberlin à rechercher, avec ses collaboratrices, les meilleurs chemins pour : toucher l'âme de leurs jeunes élèves, influencer leur comportement conformément à la morale chrétienne, faciliter les apprentissages en vue d'un accès à la culture, nécessaire au rapprochement de l'homme vers son Créateur et à une insertion socioprofessionnelle future réussie. Il nous reste maintenant à définir les caractéristiques essentielles de la pédagogie mise en œuvre par les conductrices au sein des poêles à tricoter.

C'est autour du tricotage, proposé aux jeunes enfants de son village par Sara Banzet, que Jean-Frédéric Oberlin élabore un système pédagogique compatible avec l'âge de ses jeunes élèves. Le concept de base reste avant tout l'occupation des mains, si possible par quelque activité utile : le travail manuel accapare le corps et, de ce fait, rend ces petits êtres habituellement turbulents, intellectuellement disponibles et attentifs. Le travail manuel ou l'exercice physique deviennent à cet égard indissociables de tout enseignement. La pratique éducative des conductrices au sein du poêle à tricoter est empreinte d'une certaine empathie. La loi existe, elle est la même pour tous, mais il reste préférable de convaincre les enfants de l'adopter par des moyens accessibles à leurs jeunes intelligences, plutôt que d'utiliser des méthodes coercitives *a priori.* Une adhésion relativement libre du jeune enfant aux principes éducatifs du poêle à tricoter s'obtient alors par l'utilisation de procédés éducatifs adaptés à sa compréhension du monde et empreints d'un caractère ludique en rupture avec l'âpreté de l'environnement familial. On peut alors définir la pédagogie mise en œuvre par les conductrices comme celle de la « douce contrainte » dans laquelle se laisser convaincre est agréable et présente pour l'élève souvent bien plus d'avantages que d'inconvénients. Il nous semble à présent indispensable d'examiner successivement les différents éléments constitutifs du projet éducatif développé dans les poêles à tricoter d'un point de vue éthique, didactique, instrumental et institutionnel.

Le contenu des enseignements proposés aux élèves des petites écoles est loin de se limiter au seules leçons de tricot. L'éducation simultanée du cœur, de la tête et de la main, principes actifs de la triangulation pestalozzienne sont bien présents au Ban de la Roche, et l'on peut même suggérer que le pasteur précède le célèbre pédagogue suisse, lorsque l'éducation de la main devient celle du corps dans son ensemble, et parce que l'univers du petit enfant ne se limite plus à la *Wohnstube*, mais s'ouvre dès la belle saison vers la nature environnante, à la découverte de sa faune et de sa flore, et de l'industrie que les hommes y développent. La volonté d'introduire au programme des petites écoles les premières notions de géographie est à replacer dans la continuité de l'action pastorale d'Oberlin qui cherche par tous les moyens et dans tous les champs de son action à briser l'isolement du Ban de la Roche. Son plan génère l'ouverture, il est synonyme d'éveil au milieu de vie dans sa dimension économique et sociale, de volonté de développement des connaissances utiles à la vie quotidienne :

— si la chaleur du poêle est bienvenue en hiver, lorsque les hautes neiges recouvrent le sol gelé, le retour du printemps invite à la promenade, à la découverte active en symbiose avec le milieu de vie. Les conductrices tentent d'associer leurs élèves à une véritable pédagogie d'éveil. Tout y contribue : idée et méthode, démarche et organisation pratique ;
— tout apprentissage génère une production. Le tricotage en est le paradigme, mais ce précepte s'applique également à la constitution d'herbiers, au dessin ou à l'impression des plantes. La qualité des réalisations picturales d'enfants fréquentant le poêle à tricoter est particulièrement remarquable ;

— tout enseignement est concret dans un premier temps, la distanciation progressive par rapport à l'objet d'étude permet de construire, par reformulations successives, le concept (« du bas vers le haut ») ;
— le corps est sollicité sous de multiples aspects : il faut développer la force et l'agilité physique (exercices), le soigner (hygiène), mettre son énergie au service des activités humaines (sorties pour cueillir des plantes) ;
— enfin, l'éducation de la tendre jeunesse est synonyme de joie et de bonne humeur, de respect du rythme de l'enfant. A cet effet, une large place est laissée à la répétition pour que les faits nouveaux aient de nombreuses occasions de se fixer dans les esprits.

Le jeu trouve tout naturellement sa place comme moyen didactique privilégié dans la pratique quotidienne des conductrices. Le besoin de jouer, propre à la petite enfance participe aux apprentissages. Plusieurs « outils » viennent ainsi à la rescousse des éducatrices pour attiser l'envie d'apprendre : jouets pédagogiques imaginés par le pasteur, jeux collectifs ou dits de « société », objets issus de la collection d'histoire naturelle.

Oberlin cherche en outre à promouvoir le travail en équipe parmi les éducateurs des différents niveaux : chacun se voit non seulement responsable de sa charge d'éducation quotidienne, mais doit également avoir une vue d'ensemble sur l'activité de ses pairs. La pédagogie mise en œuvre dans les poêles à tricoter ne se trouve aucunement marginalisée par rapport au travail des régents d'école, bien au contraire. Elle s'intègre harmonieusement au sein d'un projet éducatif commun.

En résumé, la méthode utilisée par les conductrices de la « petite école dans l'école » est associée à l'idée d'une pédagogie d'éveil à la nature et à l'activité humaine, résolument ancrée dans le milieu de vie des élèves, permettant de reconnaître et de sanctifier l'œuvre du divin Créateur. Toute situation d'enseignement s'accompagne d'une production : tricot, dessin, collecte de plantes... permettant, de manière un peu paradoxale, d'installer d'autres apprentissages et de fixer l'attention très fugitive des enfants de cet âge. La répétition régulière de structures langagières, l'utilisation d'objets pour concrétiser les leçons, la pratique de jeux développant un esprit coopératif dans le cadre de règles données, sont autant de marques de respect pour le rythme d'apprentissage et la personnalité de chaque enfant.

Cependant, la majeure partie des actes pédagogiques posés par les conductrices gravite autour du maniement de la langue. La répétition de mots ou de structures langagières occupe une place essentielle, l'activité lexicale prenant appui sur l'observation de l'objet réel ou de sa représentation graphique ou picturale, ou bien encore sur la pratique du chant. En cela, elle n'est ni une activité abstraite ni une pratique mécanique.

Les petites écoles sont-elles indéfectiblement liées aux fondements religieux piétistes-moraves qui ont présidé à leur mise en œuvre, ou peuvent-elles évoluer vers une conception plus laïque, conforme aux idéaux républicains ? Si le poêle à tricoter n'est pas sécularisé, il est au moins tolérant vis-à-vis de l'appartenance religieuse, du fait même de son attachement à l'idéologie morave ; le projet pédagogique initial de la petite école est d'éveiller l'intelligence de l'enfant pour le conduire à la connaissance de Dieu, mais il s'enrichit progressivement au contact de l'humanisme républicain de valeurs complémentaires. Ces valeurs sont bien souvent perçues comme la traduction contemporaine de principes propres aux évangiles ; en effet l'amour de Dieu appelle l'amour des hommes et implique un engagement militant dans toutes les dimensions et à toutes les étapes de la vie. Elles sont d'autant plus facilement intégrées au projet initial dans la mesure où la pensée morave n'est liée à aucun dogme, et permet à ceux qui s'y réfèrent d'enrichir plus facilement leurs expériences en fonction des aléas de l'histoire.

Femmes éducatrices

Si la conception générale des instituts pour la petite enfance et de leur programme éducatif est l'affaire du pasteur, leur mise en application dépend en grande partie de la compétence des jeunes filles dont il s'est entouré et auxquelles il a confié la lourde responsabilité de « conduire la tendre jeunesse ».

Parmi toutes celles qui consacrent une partie de leur vie à la petite enfance, trois fortes personnalités attirent plus particulièrement l'attention, pour des raisons différentes. La première, Sara Banzet (1745-1774), est la seule qui n'est pas réellement été choisie par Oberlin. C'est grâce à son initiative qu'il conçoit puis généralise le modèle des poêles à tricoter. Sara Banzet représente la pierre d'angle dans l'histoire des petites écoles. Elle symbolise l'esprit féminin, géniteur d'une institution au sein de laquelle les générations futures feront l'apprentissage des valeurs essentielles et développeront leur compréhension naissante du monde dans la perfection de leurs sens.

Anne-Catherine Gagnière (1733-1810) incarne le versant spirituel de la foi morave, la communication privilégiée avec Dieu dans la prière, reconnue comme efficace par le pasteur Oberlin lui-même. Les habitants du Ban de la Roche lui accordent leur confiance dans le règlement des affaires privées, convaincus semble-t-il du caractère inspiré de son jugement. L'ombre d'Anne-Catherine Gagnière se profile nécessairement lorsque l'on évoque le caractère religieux des petites écoles.

La troisième figure emblématique des conductrices de la tendre jeunesse se nomme Louise Scheppler (1763-

1837), infatigable servante de la famille Oberlin, seconde mère des enfants du pasteur. Elle contribue personnellement au perfectionnement des méthodes éducatives mises en œuvre dans les poêles à tricoter. Elle devient rapidement une véritable conseillère pédagogique auprès du maître Oberlin, instruisant les conductrices débutantes et stimulant le zèle des autres.

La pédagogie mise en œuvre au sein des poêles à tricoter, représente historiquement la première réalisation pratique d'une éducation collective de la petite enfance. Le modèle né au Ban de la Roche se voit discuté à la même époque par le discours du pédagogue suisse Jean-Henri Pestalozzi (1746-1827), contemporain de Jean-Frédéric Oberlin. Puisant son inspiration à des sources voisines de celles du pasteur de Waldersbach, celui-ci développe des conceptions différentes sur la façon d'envisager l'éducation des enfants les plus jeunes.

Mères ou instituts ?

L'idéal piétiste-morave se forge dans la mouvance d'une tentative originelle de réforme de l'Église, et à travers elle, de toute la société féodale en Bohême. En ce qui concerne l'éducation préscolaire, Jean-Amos Komensky (Coménius), héritier de la tradition éducative morave, rédige le premier traité significatif à propos de l'éducation des enfants les plus jeunes. Dans ce texte référentiel, il situe le développement de la petite enfance entre deux univers, les deux termes de son alternative étant irréductibles l'un à l'autre. Il reconnaît l'importance déterminante de l'éducation familiale et singulièrement celle des mères, mais affirme dans le même temps qu'un enfant ne se développe jamais mieux intellectuellement, physiquement et moralement qu'en présence de ses pairs. Ainsi adopte-t-il une position moyenne, volontairement ambiguë. D'un côté, la mère paraît irremplaçable, quelles que soient les conditions socioéconomiques du moment, d'un autre côté, le caractère collectif de l'enseignement l'emporte sur un préceptorat parental ou maternel.

Le discours coménien reste donc résolument équivoque et se cantonne à un compromis aux limites imprécises entre une éducation maternelle naturelle et la supériorité reconnue de l'enseignement communautaire sur le préceptorat. Dans la lignée de Coménius, les pédagogues du XVIIIe siècle reconnaissent le rôle essentiel de la mère pour l'éducation de la petite enfance ; point n'est besoin de science ni de raisonnement là où l'instinct, guidé par les liens du sang, suffit.

Le problème du « manque » de la mère éducatrice auprès de son enfant devient le fondement même de la réflexion pédagogique pour ceux qui, comme Coménius, Oberlin ou Pestalozzi, ont la volonté de ne pas attendre qu'il ait fait preuve de sa capacité à survivre, pour commencer à l'éduquer. Aucun d'entre eux ne remet en cause la prééminence de la mère pour l'éducation du jeune enfant, mais cette affirmation se voit contrariée dans les faits par l'évidence du « manque ». Pestalozzi et Oberlin, pédagogues des lumières, décident, chacun à leur manière, de dissoudre l'équivoque en privilégiant l'une ou l'autre proposition du maître morave.

Pestalozzi reprend à son compte le premier terme de l'alternative coménienne, considérant la mère comme médiatrice unique et essentielle à l'appréhension sensorielle du monde par son enfant. Si la mère est absente ou sa personnalité insignifiante, la relation éducative est nulle ou inefficace et l'enfant se trouve livré à lui-même ; si la mère est possessive ou autoritaire, la place laissée à l'enfant ne lui permet guère d'être acteur de ses apprentissages et rend ceux-ci inopérants ou inefficaces. Dans cette perspective, Pestalozzi insiste constamment sur la notion de « juste milieu » dans son discours éducatif.

Conscient que toute idée d'équilibre, dans son essence même, est fugitive et précaire et semble peu compatible avec les notions de progression ou de continuité, il n'est pas dupe de la capacité des mères à accomplir la noble tâche qui leur revient par nature. On assiste alors à un déplacement de la question pédagogique du jeune enfant vers sa mère : l'éducation de cette dernière devenant la grande affaire pour le pédagogue suisse. A cet effet, un traité publié en 1803, s'intitule naturellement *Livre des mères*, titre qui exprime sans équivoque sa finalité.

La responsabilité des mères est considérable, lourde de conséquences puisqu'elle conditionne la réussite ultérieure du processus méthodique. Profondément convaincu du fait que les liens qui unissent femme et enfant sont le paradigme de ce que doit être l'union ultérieure de l'homme à son Créateur, Pestalozzi accorde aux mères, dans les premières années de la vie humaine, un rôle décisif et exclusif. Cet état de dépendance relative, pendant lequel l'enfant pense, découvre, sent son environnement familier au travers des yeux de sa mère, diminue progressivement avec les années, de manière inversement proportionnelle au développement propre de ses sens et de sa raison. Il entre alors dans une période de transition pendant laquelle l'univers de la *Wohnstube* devient progressivement trop étroit, où l'intérêt se porte sur des objets externes à l'environnement familier, où le besoin d'autonomie commence à s'affirmer face à la volonté maternelle protectrice. C'est à l'issue de cette période de transition que Pestalozzi situe le carrefour essentiel de toute éducation réussie. Il s'agit véritablement d'une nouvelle naissance ; l'enfant sort de «l'œuf» protecteur de la *Wohnstube* dans lequel il a perfectionné une structure sensitive et morale qui le rend désormais apte à affronter le monde. La démarche pestalozzienne soumet ainsi l'éducation maternelle aux aléas d'une relation mère/enfant équilibrée, ce qui induit imperceptiblement à nouveau l'idée de « manque ». L'introduction d'un troisième acteur présente l'avantage de poser l'acte éducatif hors de cette relation dualiste, délivrant ainsi la mère d'une image d'exemplarité irréaliste et lourde de conséquences et permettant à l'enfant un rapport au monde multiforme et participant.

Jean-Frédéric Oberlin construit l'institution des poêles à tricoter autour du deuxième axe des propositions de Coménius, à savoir l'idée d'une éducation collective précoce. Le pasteur du Ban de la Roche ne renie nullement le rôle irremplaçable de la mère aux premières années de la vie, mais ce militant de la foi évangélique ne peut se satisfaire d'une position idéaliste en complet décalage avec la réalité socioéconomique de son époque. Si la relation mère-enfant peut être privilégiée dans les cas les plus favorables, étendre ce type de préceptorat à l'ensemble d'une population conduit inévitablement au maintien ou même à l'aggravation progressive des différences sociales. Or une société plus fraternelle, où chaque homme est capable d'entrer en recherche spirituelle, ne peut s'accommoder de l'ignorance et d'une précarité financière et intellectuelle. Les « Poêles à tricoter » constituent l'élément moteur de la transformation intellectuelle et sociale au Ban de la Roche et permettent à de jeunes femmes, les conductrices de la tendre jeunesse, d'être reconnues dans leur fonction d'éducatrices. Pour Oberlin, la sensibilité féminine, irremplaçable pour conduire le petit enfant vers son avenir, n'implique pas nécessairement la présence d'une mère. Une jeune fille, reconnue pour ses qualités morales, peut se substituer avec profit dans nombre de cas à la mère déficiente, permettant ainsi aux femmes, de passer de la reconnaissance implicite d'un rôle actif dans l'éducation de leurs enfants au statut d'éducatrices à part entière, rémunérées et socialement reconnues pour leur travail. Les familles exclues du processus éducatif en tant que tel, sont néanmoins régulièrement associées à l'examen de ses produits et tenues au courant des progrès des élèves grâce au système des « récitations » publiques, valorisant le caractère « scolaire » des poêles à tricoter au sein de la population.

On retrouve dans les principes directeurs des pratiques pédagogiques mises en œuvre par les conductrices de la tendre jeunesse, l'essentiel de l'approche coménienne, résumé dans la formule : « Du bas vers le haut ». Un enseignement concret dans un premier temps suivi d'une distanciation progressive par rapport à l'objet d'étude permet la construction du concept par reformulations successives. L'enfant apprend de cette manière à l'intérieur d'une spirale ascendante dont il demeure le centre pendant tout le processus. Le corps constitue dans cette perspective le média physique et sensoriel privilégié pour construire les premières connaissances et il est sollicité sous de multiples aspects. Dans le même ordre d'idées, si la chaleur du poêle est bienvenue en hiver, lorsque les hautes neiges recouvrent le sol gelé, le retour du printemps invite à la promenade, à la découverte active en symbiose avec le milieu de vie. C'est à une véritable pédagogie d'éveil à laquelle les conductrices tentent d'associer leurs élèves. L'éducation de la tendre jeunesse est alors synonyme de joie et de bonne humeur, de respect du rythme biologique de l'enfant. Le besoin de jouer, propre à la petite enfance participe aux apprentissages. Plusieurs « outils » viennent alors à la rescousse des éducatrices pour attiser l'envie d'apprendre : jouets pédagogiques imaginés par le pasteur, jeux collectifs ou dits de « société », objets issus de la collection d'histoire naturelle.

Un débat résolument moderne

Le questionnement dialectique et mutuel qui s'établit à distance entre le maître d'Yverdon et le pasteur du Ban de la Roche esquisse les contours des différentes options actuelles concernant l'éducation des enfants les plus jeunes. A partir d'un corpus de valeurs et de finalités communes, leurs divergences fondamentales apparaissent sur les conditions de sa mise en œuvre. De fait, les finalités d'une éducation maternelle raisonnée que Pestalozzi souhaite promouvoir avec son *Livre des mères* et celles des petites écoles de tricot du pasteur Oberlin sont identiques : il s'agit essentiellement d'une formation morale permettant de tisser des liens indissolubles entre le petit enfant et son Créateur, afin de construire dans l'avenir une société plus juste et plus fraternelle. Cependant, les moyens pour y parvenir sont sensiblement différents.

Friedrich Fröbel (1782-1852) et Pauline Kergomard (1838-1925), héritiers de la pensée piétiste morave, tentent au XIXᵉ siècle le pari d'un difficile rapprochement des deux termes de l'alternative coménienne. Entre l'école et la famille, les jardinières d'enfants, médiatrices de la relation éducative entre les mères et leurs petits ainsi que les institutrices d'école maternelle, chargées de remplacer au mieux les ouvrières occupées dix heures par jour à la manufacture, confirment le rôle spécifique reconnu aux femmes dans le cadre de deux systèmes éducatifs différents. Les modèles pédagogiques à destination de la petite enfance, inspirés par le piétisme morave, ont ainsi évolué dans le temps pour donner principalement naissance à deux institutions différentes, l'école maternelle française et le jardin d'enfants allemand, mais dont la finalité reste du même ordre.

Socialisation ou structuration de l'identité ? Clôture ou ouverture ? Mères ou éducatrices ? Ces interrogations, héritage fondamental de l'alternative coménienne, définissent les termes du débat sans cesse renouvelé depuis le XVIIIᵉ siècle, sur les modalités de garde et d'éducation de la petite enfance en Europe. Elles augurent de la difficulté à engager un dialogue constructif entre responsables éducatifs européens, sans considérer l'héritage historique des systèmes existants comme un prérequis aux échanges. Aucune des options actuellement valorisée n'est exempte de ce marquage historique et culturel. Reconnaître une telle dimension contribue à mieux comprendre et à relativiser les divergences, dans la difficile construction d'une idée plus consensuelle de la préscolarisation dans une Europe unifiée.

UN RÉSEAU COMPLEXE D'INFLUENCES

L'examen de la correspondance entretenue par Jean-Frédéric Oberlin avec ses amis, ses visiteurs ou ses anciens pensionnaires, atteste du rayonnement de sa pensée pédagogique et théologique dans la seconde moitié du XVIIIe siècle. Pourtant, cette popularité reste surprenante, parfois même déroutante de prime abord, tant elle concerne des champs d'activités variés, apparemment éloignés les uns des autres. Comment expliquer en effet, que lors de l'invasion de 1814, le misérable presbytère de Waldersbach soit placé sous la protection du tsar de Russie ? Pourquoi l'abbé Grégoire, évêque catholique Conventionnel, représente-t-il le plus précieux soutien du pasteur pendant la tourmente révolutionnaire ?

En examinant les multiples échanges et le cheminement d'idées qui tissent un étonnant réseau arcane reliant le presbytère de Waldersbach aux confins du continent, nous allons tenter de suivre sans le rompre, ce fil ténu qui traverse l'Europe pédagogique, politique, économique, littéraire, piétiste et enfin mystique de l'époque.

L'Europe pédagogique

En 1812, Jean-Luc Legrand (1761-1836), homme politique et industriel helvétique vient s'établir à Fouday accompagné de douze familles d'ouvriers pour y implanter une importante industrie de rubans à vocation domestique. Cette personnalité attachante présente l'intérêt majeur d'être le seul lien vivant entre Pestalozzi, maître d'Yverdon et le pasteur du Ban de la Roche. En effet, élu président du directoire de l'éphémère République helvétique, Legrand permettra à Pestalozzi de réaliser son vœu le plus cher : devenir maître d'école. Chassé de Suisse par la guerre, il trouve refuge en Alsace où suite à une rencontre avec Henri-Gottfried Oberlin, fils du pasteur, l'ancien directeur de l'enseignement public à Bâle manifeste le plus vif intérêt pour l'organisation du système éducatif du Ban de la Roche. Il est en outre l'homme sans lequel l'œuvre sociale et économique d'Oberlin n'aurait pu s'adapter à l'ère industrielle. Agé de 70 ans, il prend à sa demande la direction des écoles de sa paroisse et trouve l'occasion de réaliser en association avec Oberlin ce que les aléas de l'histoire l'avaient empêché de concrétiser avec Pestalozzi.

Parmi les pensionnaires d'Oberlin, un certain J.-F. Simon devint plus tard professeur au Philanthropinum de Dessau, créé en 1774 par Johannes Bernhard von Nordalbingen dit Basedow (1723-1790), avec l'appui du prince Léopold de Dessau. Lié à l'*Aufklärung* germanique et s'inspirant par ailleurs des idées de Rousseau, la pédagogie mise en œuvre par Basedow, indépendante des églises institutionnelles, inspire fortement Oberlin qui annote soigneusement les ouvrages produits par les maîtres du Philanthropinum. C'est par l'intermédiaire de Simon que des exemplaires du manuel élémentaire parviennent jusqu'à Waldersbach. Les principes éducatifs mis en pratique dans les écoles du Ban de la Roche présentent un certain nombre de caractéristiques communes avec ceux préconisés par Basedow et Joachim Heinrich Campe (1746-1818), son successeur à Dessau, mettant l'accent sur l'importance du travail manuel dans le cadre d'une pédagogie active, la formation du caractère et l'apprentissage de la vie en société par les jeux et sorties dans la nature. Plusieurs visiteurs ayant séjourné à Waldersbach en 1777 enseignent à Dessau, comme l'atteste une série de silhouettes annotées par Oberlin parmi lesquelles on relève celle d'un jeune garçon : Friedrich Basedow.

A travers la personnalité de l'abbé Henri Grégoire (1750-1831), c'est l'esprit des Lumières, de la République et des droits de l'homme, qui souffle de Lorraine puis de Paris vers Waldersbach. Ayant appris que Grégoire s'intéressait aux coutumes et aux institutions des protestants, Oberlin entreprend en juillet 1785, le voyage d'Emberménil ; Grégoire lui rend la politesse en juillet 1787 et vante dans son récit les qualités du pédagogue et de son prédécesseur, Jean-Georges Stuber, « Mon ami et le sien ». Il reconnaît dans la prédication d'Oberlin une certaine proximité avec le catholicisme, en dépit de certaines dérives mystiques dont nous aurons l'occasion de reparler. Le 28 septembre 1799, Grégoire, accompagné d'un savant danois nommé Thorlacius, professeur à l'université de Copenhague, fait une seconde visite à Oberlin et constate que « par des moyens nouveaux (il) avait perfectionné l'enseignement des écoles et l'industrie ». Le soutien du député Grégoire aux écoles du Ban de la Roche ne sera jamais pris en défaut pendant toute la période révolutionnaire, et c'est en particulier grâce à son appui qu'Oberlin et Stuber obtiennent, le 2 septembre 1794, un témoignage de satisfaction de la Convention.

L'examen de la correspondance de Grégoire esquisse par ailleurs les contours d'un réseau œcuménique inattendu, au confluent du politique, de l'économique et du religieux, dans lequel outre Jean-Frédéric Oberlin, on peut inscrire en tout premier lieu son frère, Jérémie-Jacques (1735-1806), professeur de philologie à l'Université de Strasbourg, principal relais de l'évêque conventionnel vers les intellectuels du monde germanique, les pasteurs Jean Ehrmann, Abel Maeder, ainsi que le prédécesseur d'Oberlin à Waldersbach, Jean-Georges Stuber, mais également les théologiens Jean Laurent Blessig et Isaac Haffner, le naturaliste Jean Hermann, le juriste Christophe Guillaume Koch, le médecin Jean-Jacques Spielmann, les familles de Turckheim et Schweighaeuser, etc.

Dans sa réponse à la mention honorable décernée par la Convention nationale en 1794, Jean-Frédéric Oberlin décrit la pédagogie des poêles à tricoter comme un ensemble de procédés révolutionnaires pour l'éducation des enfants les plus jeunes. Le caractère « révolutionnaire » de sa philosophie éducative correspond ici à une acception conforme à l'esprit des députés parisiens, à savoir : « Un changement brusque et violent qui transforme les choses. » Il existe cependant une finalité radicalement différente bien que complémentaire à la première, de la pédagogie des petites écoles ; celle-ci s'articule autour d'une acception plus « astronomique » du terme révolution, compris comme « le retour d'un astre dans sa course du point d'où il était parti ». Il convient à présent de montrer comment cette facette complémentaire du projet global d'Oberlin est traversée par les valeurs du piétisme morave.

L'Europe piétiste

Les voyages entrepris en 1778 et 1780 par Oberlin au pays de Bade attestent en premier lieu de son intérêt pour la doctrine éducative des piétistes de la première génération, inspirée de celle mise en œuvre par le maître Auguste Herrmann Francke (1663-1705) au *paedagogium* de Halle. Le principal apport de Francke au débat pédagogique de son temps reste sa tentative de synthèse entre les discours de l'« humanisme » et ceux du « réalisme ». Une certaine forme de professionnalisation de l'enseignement introduite dans le curriculum du paedagogium est en particulier indirectement à l'origine de la naissance en Allemagne des *Realschulen.* A Köndringen, le pasteur du Ban de la Roche visite son collègue Sander, ancien élève de Francke. Il procède en cette occasion à une observation méthodique des procédés didactiques en usage, et engage avec son hôte un dialogue critique sur la valeur de ces procédés. La façon dont Oberlin légifère à partir de 1778, pour fixer le programme et la méthode des écoles primaires du Ban de la Roche, s'inspire incontestablement des observations faites de l'autre côté du Rhin.

Mais pour ce qui concerne la finalité des petites écoles, c'est incontestablement la philosophie piétiste de la deuxième génération, nourrie des idées des Frères moraves de Herrnhut, qui constitue le référentiel théorique du pasteur Oberlin. De nombreux documents attestent de sa sympathie pour les Frères. Sans adhérer ouvertement à leur Église, il renforce au cours du temps les relations qu'il entretient avec eux. Les onze lettres adressées à la conférence de Herrnhut entre 1804 et 1817, témoignent d'une grande continuité dans les échanges bilatéraux. Mais par-dessus tout, dans son récit du 2 mai 1808, Oberlin reconnaît dans les poêles à tricoter la seule forme existante d'*ecclesiola in ecclesia* au Ban de la Roche, c'est-à-dire d'une assemblée d'élus, élément moteur, source de régénération pour toute la communauté évangélique. Ainsi l'idéal d'un retour à l'ancienne fraternité des assemblées chrétiennes primitives fait partie intégrante du sacerdoce pédagogique des conductrices, et par la même la notion de « petite école dans l'école » induit une acception « astronomique » du terme révolution, comme le retour à un point de départ idéal et non corrompu.

Lors de son voyage pédagogique de 1778 en Allemagne, Jean-Frédéric Oberlin rend également visite au pasteur Schlosser qui tient un institut d'éducation à Emmendingen, alors que le poète Michael Reinhold Lenz (1751-1792) le remplace à Waldersbach. Ces deux personnages nous permettent à présent d'entrevoir les rapports entretenus par Oberlin avec le monde de la littérature.

L'Europe littéraire

Avec Schlosser et Lenz, c'est l'ombre du célèbre Johann Wolfgang Goethe (1749-1832) qui s'étend à son tour sur Waldersbach. Le premier auquel Oberlin rend visite à Emmendingen n'est autre que le beau-frère de Goethe. Le second, jeune poète pionnier du *Sturm und Drang* et auteur en 1774 du *Hofmeister,* rival amoureux malheureux de Goethe pour Frédérique Brion, traverse en 1778 une grave crise morale. Sur les conseils de Jérémie Jacques Oberlin qui jadis fut son professeur et celui de Goethe à l'université de Strasbourg, il séjourne trois semaines au Ban de la Roche. Georg Buchner (1813-1837) publie une nouvelle intitulée *Lenz,* dont le sujet est précisément le récit du séjour mouvementé du poète au Ban de la Roche, ce qui fait d'Oberlin, à titre posthume, un personnage de roman de la littérature romantique d'outre-Rhin.

Outre Gottlieb-Conrad Pfeffel (1736-1809), poète et fabuliste, fondateur de la célèbre Académie militaire pour jeunes gens protestants, qu'Oberlin rencontre en 1780 à Colmar, le pédagogue du Ban de la Roche entre en relations épistolaires avec un autre ami de Goethe et Herder : Johann-Heinrich Jung dit Stilling (1740-1817). Goethe publie en 1777, la première partie de son œuvre romanesque et autobiographique : *Heinrich Stillings Jugend.* Vers la fin de sa vie, Jung-Stilling échange sa plume de romancier pour celle de théologue mystique. Oberlin a lu et annoté avec attention plusieurs de ses ouvrages à propos de la vie future. La rencontre entre Oberlin et Jung-Stilling nous permet à présent de suivre notre fil d'Ariane afin d'explorer le monde étrange et baroque de l'Europe mystique de la fin du XVIIIe.

L'Europe mystique

L'approche mystique constitue pour la pensée positiviste propre à notre époque, l'aspect le plus surprenant et sans doute le plus contestable de l'œuvre de Jean-Frédéric Oberlin. Cependant, sa quête de l'au-delà est indissociable de son activité sociale et pédagogique quotidienne, et sans doute vaut-il mieux l'accepter et la comprendre plutôt que l'occulter. Son penchant mystique ne correspond en rien à un effet de mode, mais constitue depuis ses années d'études à Strasbourg un véritable parcours initiatique. En effet, au fil de ses notes de lecture, on retrouve les commentaires du *Weg zu Christo* de Jacob Boehme (1575-1624) et la copie de nombreux passages des principaux ouvrages de Jane Leade (1623-1704), dans des cahiers aux titres évocateurs : *La chute des mauvais anges*, *Le royaume de Dieu*, *Des épreuves*, *Naissance de l'esprit*, *Description des pierres précieuses* (1782-1787)... Les théosophes piétistes Johann Bengel (1687-1752) (Oberlin a lu et annoté en particulier son *Erklärte Offenbarung Johannis* (1740)) et Friedrich Christoph Oetinger (1702-1782) (qui élabore dans sa *Théologia exidea vitea deducta* un système conciliant la nature visible et le monde des esprits) le conduiront jusqu'à Emmanuel Swedenborg (1688-1772). Cet intérêt pour les grands mystiques amène naturellement le pasteur à s'insérer dans un réseau de relations où mysticisme et piétisme vont de pair. Ainsi par l'intermédiaire de son fils Henri-Gottfried qui passe trois ans à Riga (1810-1813), Oberlin rencontre-t-il Barbara Juliana von Vietinghoff, baronne de Krüdener (1764-1824) qui sera l'hôte à plusieurs reprises du presbytère de Waldersbach. Cette femme de lettres, correspondante de Mme de Staël, Benjamin Constant et Chateaubriand est présentée dans toute l'Europe comme l'apôtre des mouvements piétistes revitalistes. La fille de la baronne, Juliette de Krüdener, épouse François-Charles de Berckheim, ancien pensionnaire du Ban de la Roche. Celui-ci, devenu aide de camp du tsar Alexandre Ier, contribuera à obtenir la protection pour le Ban de la Roche lors de l'invasion de 1814. Aux côtés de Mme de Krüdener, on note de 1810 à 1817 la présence d'Henri-Louis Empaytaz (1790-1853) l'un des animateurs les plus actifs du réveil à Genève. Il est en particulier l'auteur, en 1814, en collaboration avec Oberlin, d'un tableau des demeures des trépassés.

Comprendre l'homme

Ses expériences mystiques conduisent Oberlin à s'intéresser à certaines doctrines ou « sciences » émergentes, visant à interpréter le psychisme humain. Trois d'entre elles trouveront une application certaine dans le système éducatif du Ban de la Roche, particulièrement au service de l'orientation professionnelle.

La personnalité de Johann-Kaspar Lavater (1741-1801) a joué pour Oberlin un rôle révélateur dans les questions de l'au-delà. Mais ce théosophe mystique est également l'auteur d'un traité de physiognomonie dont il tentera de tirer profit comme une réponse possible à certaines difficultés corollaires au développement de son système éducatif :

— des enfants toujours plus nombreux accèdent à un niveau d'études élémentaires satisfaisant, et la question de leur orientation professionnelle se pose au seuil de l'adolescence ;
— à une époque où la psychologie et la psychanalyse n'ont pas encore été inventées, le pasteur ressent également avec acuité le besoin de connaître les capacités réelles de ses élèves, pour pouvoir mieux adapter l'enseignement à leurs personnalités.

La physiognomonie s'appuie sur la théorie des correspondances de Swedenborg selon laquelle par le péché, une corrélation directe entre l'homme intérieur et l'homme extérieur peut être déduite. Le visage devient selon cette théorie révélateur de l'humeur, du tempérament et du caractère des hommes. Le physiognomoniste se prétend capable de passer de l'autre côté du miroir afin de lire les pensées de l'âme. La classification des traits du visage et de leur interprétation décrite par Lavater permettent aux initiés de comprendre la personnalité d'un être humain. Suite à la lecture des *Fragments de physiognomonie* en 1784, Oberlin utilise largement les principes de Lavater et en particulier le tracé de profils d'ombres réduits à l'aide du pantographe, qui tapissent aujourd'hui encore les murs du presbytère de Waldersbach. Indépendamment des applications pédagogiques de la physiognomonie il se voit consulté par de nombreuses personnalités qui cherchent à corriger les tendances mauvaises de leur caractère grâce à la science nouvelle. Ayant entrepris, dans un premier temps, une véritable démarche d'appropriation des théories de Lavater, comme semble l'attester nombre de traces écrites à ce sujet, Oberlin engage une démarche critique visant à relativiser dans une certaine mesure la portée de ses travaux. Un argument contradictoire essentiel concerne l'idée d'une hypothétique prédestination physiognomonique qui associerait, dans une relation binaire, une qualité morale à sa caractéristique physique correspondante. A ce schéma simpliste, il oppose l'idée d'une complexité infinie de combinaisons qui viennent compenser telle ou telle caractéristique originelle, et par-dessus tout, il affirme avec force le primat de l'éducation sur toute forme de prédestination physionomique, phrénologique, l'on pourrait aussi dire de nos jours psychologique ou génétique...

La « phrénologie » du médecin allemand Franz-Joseph Gall (1758-1828) constitue pour Oberlin un complément utile aux apports de la physiognomonie. Gall est d'ailleurs l'un des rares savants de son époque à avoir approuvé les théories de Lavater. Le phrénologue étudie des fonctions du cerveau d'après la forme extérieure du crâne, et prétend que l'état des facultés de l'être humain peut se reconnaître à sa palpation. Ainsi Gall suppose que l'on peut repérer dans les reliefs de la boîte crânienne les indices de la distribution des qualités intellectuelles et morales. A l'image de la division du visage humain en trois zones par Lavater, à savoir de haut en bas les tendances animales, morales, intellectuelles, l'intelligence et les talents se trouvent localisés à l'avant de la boîte crânienne, les passions sur les zones temporales et pariétales, et enfin les instincts animaux (particulièrement sexuels) à l'arrière. Une fois encore, Oberlin procède à une analyse critique de la théorie de Gall ; il est particulièrement sévère dans ses jugements sur les écrits de contemporains qui visent à en faire une vulgarisation caricaturale ou systématique.

L'ultime test de compréhension de la personnalité humaine repose sur les écrits de Jane Leade à propos de la signification des pierres précieuses, fondés sur l'interprétation d'un passage de l'apocalypse de Saint Jean décrivant la nouvelle Jérusalem : « Les fondements des murailles de la ville étaient ornés des pierres précieuses de toute espèce. » A chacune des pierres formant les douze colonnes de la Nouvelle Jérusalem, correspond symboliquement l'un des douze apôtre du Christ. La théorie de Leade attribue à chacune des couleurs le symbole d'une qualité morale, associée à l'un des douze apôtres. Le rouge signifie la foi, le jaune l'amour, le bleu la science. L'union de deux couleurs fondamentales révèle des qualités complémentaires : ainsi le vert l'activité, l'orange la persévérance dans la foi, le violet « l'état le plus élevé d'entre les bienheureux ». Oberlin se servait fréquemment, en complément de ses analyses physiognomoniques, de petits tableaux de pierres de couleur, pour élaborer le portrait moral d'un individu selon la préférence qu'il montrait pour l'une ou l'autre des pierres colorées.

La quête du « juste milieu »

Germanique de naissance et latin d'adoption, sensible tout à la fois à l'*Aufklärung* et aux lumières, résolument tourné vers l'Europe, curieux des développements de la pensée scientifique rationnelle autant que des expériences mystiques de la foi chrétienne, pasteur, pédagogue, animateur rural, Jean-Frédéric Oberlin tente tout au long de ses cinquante-neuf ans de ministère au Ban de la Roche de concilier ces différents champs de savoir et d'activité apparemment très éloignés les uns des autres. Au-delà des contradictions internes à son système de pensée, il engage une quête de sens dans un questionnement dialectique et mutuel fécond entre le référentiel théologique, dont il est l'héritier, et les pensées politiques, philosophiques, scientifiques, économiques émergentes, portées par les idéaux de 1789 au sein d'une société qui tend à se séculariser.

La médiation, telle semble être sa ligne de conduite en toute chose, à la recherche d'un juste milieu à l'équilibre nécessairement précaire. Dans le domaine pédagogique, Oberlin invente une médiation intellectuelle entre les valeurs piétistes et l'idéal humaniste républicain. L'intérêt conjugué dont il bénéficie de la part des Frères moraves et des élus de la Convention nationale montre à quel point l'institution des poêles à tricoter se situe au confluent de deux mondes, et constitue une étape importante dans l'évolution du piétisme protestant. Héritière de la première révolte humaine contre la toute-puissance d'une Église séculaire pervertie, elle côtoie un nouveau séisme social qui remet en cause l'existence même d'un pouvoir religieux. La « petite école » se présente comme une structure unique, sans équivalent dans l'Europe du XVIIIe siècle. Résultante de la démarche éducative de toute une tradition de théologiens en lutte pour le respect de leurs convictions religieuses et de la dignité humaine, elle éveille l'attention d'une république à la recherche de modèles possibles pour établir l'unité nationale et développer l'instruction populaire. La pédagogie des poêles à tricoter symbolise le compromis entre la première génération de révolutionnaires en Europe et la seconde qui annonce le réveil des peuples. La meilleure preuve du caractère « progressiste » de l'institution est que l'idée d'Oberlin sera mise entre parenthèses avec le retour en France de pouvoirs de type monarchique, et que sa résurgence coïncidera avec le retour au pouvoir de la république.

TEXTES

Jean-Frédéric Oberlin n'ayant publié aucun ouvrage de son vivant, les textes présentés ici sont extraits de divers manuscrits autographes conservés pour la plupart aux Archives municipales de Strasbourg (noté AMS, suivi de la cote et de la pagination) ou au Musée Oberlin de Waldersbach (noté MO, suivi de la pagination). Les textes dont l'original est en allemand ont été, sauf indications contraires, traduits par nos soins.

TEXTE 1 : LE BAN DE LA ROCHE

Les habitants du Ban de la Roche sont généralement très pauvres et on appelle riches ceux dont la misère est moindre. Ils habitent dans des chaumières, vont en sabots et subsistent grâce à leurs maigres cultures et à leur modeste élevage. Leur langue est un patois lorrain, leur nourriture la pomme de terre ; ils n'ont que du pain de seigle, et pas en abondance. Peu de gens seulement peuvent planter assez de seigle pour leurs besoins annuels, beaucoup en manquent la plupart du temps, certains manquent même de pommes de terre, mais les autres les secourent fraternellement de sorte que personne ne va mendier. Beaucoup ne mangent pas de viande tout au long de l'année, sauf lors d'un repas de fête. Il pousse un peu d'avoine, de chanvre et de lin ; peu de blé ou pas du tout, et pas de vin. Leur bétail comprend de rares petits chevaux (ils n'ont pas d'ânes) et une espèce mineure de bovins, qui languissent en hiver en raison du manque de foin et qui en été montent péniblement dans des pâtures pierreuses et éloignées où ils trouvent plus de mousse que d'herbe et où, pardessus le marché, la bonne saison ne dure que quatre mois. Le bois de chauffage, de construction et pour les autres besoins tels que charrettes, sabots, est à présent presque aussi rare que le pain, l'argent l'est encore davantage. *Mais aussi pauvre qu'est ce peuple, on peut malgré tout le considérer, à cause de sa langue et de sa religion, comme un véritable joyau de notre église évangélique de la confession d'Augsbourg*, laquelle par ailleurs, en dehors de Montbéliard, et particulièrement sous les seigneuries françaises, ne compte aucun représentant ou bien si peu dans ce pays, et regarder avec tendresse et une juste compassion cette sœur française, presque unique et abandonnée.

Histoire de la paroisse de Waldersbach composée par M. Stouber.
Annales du Ban de la Roche (1774), MO, p. 84-107.

TEXTE 2 : L'HOMME : OBERLIN PAR LUI-MÊME

Enfance, formation et héritage

Vous me demandez si lors de mon entrée en fonction je connaissais déjà le Seigneur Jésus. Cela m'obligerait pratiquement à raconter toute ma vie, ce qui n'est pas possible ici. Je vais essayer de résumer brièvement les faits. Mon père, un homme attiré par le spirituel, précepteur au gymnase de Strasbourg, un honnête homme, droit, dévoué et intelligent, mais qui ne connaissait ni Jésus ni la nouvelle naissance, éleva, avec l'appui de ma chère mère ses cinq fils pleins de fougue, et ses deux filles ; il le fit avec une rare sagesse, un sérieux plein de tendresse et d'amour et une attention sans faille. De ce fait et malgré notre vivacité toujours portée à l'action, presque sauvages, nous sommes restés préservés de tous les excès juvéniles et avons été un sujet de satisfaction sans mélange pour nos excellents parents.

Très tôt le Bon Dieu a attiré mon cœur à la prière par toutes sortes de moyens. Ma peur panique des orages, héritée de ma mère et de ma grand mère, fut le premier dont il se servit. Lorsqu'un orage s'annonçait, je promettais à Dieu, hélas, de devenir pieux comme un ange ! Si ensuite les choses n'allaient pas à mon gré et si je retombais dans mes travers, cela m'incitait de nouveau à prier.

Le deuxième moyen, c'étaient deux rêves à propos de l'enfer et un autre qui me permit de jeter un regard dans le ciel.

Le troisième, c'était ma mauvaise mémoire. Lorsque dans un effort extrême j'avais même consacré mes heures de détente à apprendre par cœur, en particulier le vocabulaire, je ne pouvais malgré tout pas m'en souvenir suffisamment en classe ou à l'école latine. Oh, combien cela me poussait à prier !

Le quatrième moyen, c'était le ravissement que me procurait la musique militaire, tout comme aussi le tonnerre du canon, le spectacle des exercices militaires, les évolutions, les conversions rapides et habiles, l'ordre incomparable, l'obéissance absolument parfaite qui était inculquée aux soldats français non par les coups mais avec indulgence et amour.

Et lorsque tout jeune écolier encore, je pouvais marcher à côté de 20 ou 30 tambours en pleine action ou me tenir parmi eux, environné d'une telle fumée de poudre qu'on ne distinguait plus le ciel, tandis que l'air résonnait du tonnerre épouvantable du petit et du gros canon, oh, alors, s'élevait dans mon cœur un cri très fort : « O Seigneur Jésus, les soldats n'existent certes pas au ciel, mais il doit y avoir des choses tout aussi enchanteresses que toutes celles-ci. Oh, permets-moi d'être ton enfant. Oh, être ton enfant ! Oh, enseigne-moi à faire tout ce qui peut te plaire », etc.

Par ces moyens et d'autres encore le Bon Dieu avait élevé mon cœur et m'avait appris à prier, mais je ne connaissais pas Jésus, ni d'ailleurs la nouvelle naissance. Notre chère mère, une femme aux traits extraordinairement fins et nobles, d'un goût raffiné, était très curieuse du monde de son temps : ses lectures favorites étaient des écrits de qualité, de grande valeur spirituelle et morale comme ceux de Gellert, Rabener et d'autres du même genre.

C'est alors qu'il arriva que M. le Magister Lorenz, devenu ultérieurement docteur en théologie, revint de ses voyages et fut chargé des prédications vespérales. Jamais on n'avait entendu ni vu ici pareil prédicateur. Sa personne, sa voix, ses gestes, son style et ce qu'il disait, tout était enthousiasmant. Quand ma mère en eut l'écho, plus rien ne la retint, ni ses problèmes de santé, ni la canicule, ni la grande distance, ni la difficulté d'obtenir une petite place, et elle alla l'écouter. Oh, quelle fascination ! Ce fut presque un enchantement, ses yeux et son cœur s'ouvrirent et elle se trouva toute transformée. J'étais alors étudiant. « Fritz, me dit-elle au retour de la soirée, Fritz cet homme il faut que tu ailles l'écouter. » J'y allai, je fus saisi à mon tour et découvris Jésus et ma perdition. Après beaucoup de luttes et de prières anxieuses, je reçus la grâce d'entendre le Seigneur exhorter mon cœur : « Prends courage, tes péchés te sont pardonnés ! » Oh, quelle libération je ressentis alors : c'était comme si le paradis lui-même remplaçait dans mon cœur, la crainte de l'enfer ! Et désormais je me moquais totalement des railleries de ceux qui avaient été mes camarades et de connaître bien vite toutes sortes de tribulations. Les choses continuèrent ainsi jusqu'à ce qu'en 1767, le 30 mars, dans ma 27e année, je vins ici ;

en effet, je suis né en 1740, le dernier jour du mois d'août.

Vous me demandez aussi comment je suis venu ici et par l'intermédiaire de qui j'y ai été appelé. Réponse : je vous expliquais plus haut qu'après seulement quatre ans de ministère dans notre région le cher Léopold Georges Pelletier en fut chassé. En effet les princesses régnantes de l'époque, en considération des plaintes instantes et perpétuelles, se crurent obligées de lui signifier son congé, parce qu'il ne voulait pas admettre n'importe qui à la sainte Cène, conformément à la remarquable discipline en vigueur dans les communautés de Frères.

Après lui arriva le méchant Pierre Rayot qui resta de 1712 à 1723, suivi d'un autre dépravé qui fut révoqué en 1726. Or à cette époque le Ban de la Roche appartenait au seigneur d'Angervillers, intendant d'Alsace, qui pria mon grand-père, le Dr Feltz de lui procurer un pasteur et de l'installer, car lui, un chrétien catholique-romain, ne comprenait rien à nos usages. C'est ce qui fut fait et mon grand-père établit le premier ecclésiastique strasbourgeois au Ban de la Roche : M. le Pasteur Walter. Tous ses prédécesseurs venaient de Monbéliard. A son retour à Strasbourg mon grand-père rapporta à titre de curiosité des pommes de terre, aussi appelées *poires du sol* et en patois *dis c'matières*, il invita l'intendant et d'autres Français pour en manger. C'est ainsi que de la table des notables elles passèrent peu à peu sur celle du peuple.

M. le Pasteur Walter était un homme droit, mais on ne le laissa ici que deux ans, parce qu'il ne pouvait pas vivre d'un salaire bien trop faible et qu'il n'était lui-même pas riche. Ensuite vinrent des pasteurs alternativement bons et acceptables, ou mauvais. La paroisse était complètement à l'abandon, presque personne ne savait lire et encore moins écrire, la Bible était pratiquement inconnue. La population ne connaissait que le patois et ne pouvait donc pas comprendre ses prédicateurs. Veuillez remarquer que lorsque les gens du Ban de la Roche conversent en patois, je n'en comprends rien quoique je sois parmi eux depuis quarante ans et que je connaisse aussi certains mots.

Enfin le Seigneur eut de nouveau pitié des pauvres habitants du Ban. Une jeune fille de Bellefosse âgée d'environ 16 ans, Anne-Catherine Gagnière, dont les parents craignaient Dieu, fut poussée dans son cœur à implorer Dieu nuit et jour avec instance et persévérance pour lui demander des maîtres fidèles. C'est ainsi qu'en 1750 vint M. Johann Georg Stuber, un petit homme exceptionnellement doux, fin, intelligent et talentueux. C'est par lui qu'à mille égards la paroisse naquit en quelque sorte une seconde fois.

Cet excellent homme ne connaissait pas la nouvelle naissance comme Monsieur son beau-frère, M. le Docteur Lorenz, nommé ci-dessus, la connaissait. Mais dans ce qu'il savait, c'était un homme remarquablement fidèle et les braves gens se sentirent revivre, leur lumière et la chaleur de leur foi augmenta, ainsi que leur nombre. En 1754 il fut nommé à Barr, une riche petite cité située dans une charmante contrée au pied de la montagne vosgienne, à cinq heures d'ici, sur l'autre versant d'une très haute montagne. C'est là que travaille maintenant depuis bien des années le cher et honorable pasteur Schweighaeuser, votre correspondant. Mais comme entre temps les pauvres habitants de notre Ban avaient une fois de plus eu un pasteur dépravé duquel ils finirent par être débarrassés, en particulier grâce à la prière instante de Catherine Gagnière, le fidèle Stuber quitta sa paroisse riche et bien plus commode et revint en 1760 avec l'autorisation de ses supérieurs chez ses pauvres habitants du Ban qu'il chérissait tant.

Six ans après je fis sa connaissance par l'intermédiaire de ma chère mère, alors qu'il était de passage à Strasbourg : nous nous gagnâmes d'affection et je l'accompagnai en visite au Ban de la Roche. Et tandis que je me trouvais là à l'église, mêlé à ce petit peuple *welche*, mon cœur fut rempli d'un indicible amour pour lui. M. le Pasteur Stuber le remarqua et me demanda :

« Au cas où je serais appelé ailleurs, serais-tu prêt à prendre ma place ? » – « Je suis soldat de naissance, répondis-je, et je tiens à me montrer obéissant sans réserve. Même si Dieu m'envoyait en enfer pour y travailler à son service, j'irais sans dire un mot ; mais au Ban de la Roche, parmi ce brave peuple *welche* là je m'y rendrais avec des cris d'allégresse. Mais pour cela il me faudrait absolument un appel de la hiérarchie. »

Un an plus tard, au grand effroi des habitants du Ban, M. le Pasteur Stuber fut appelé à Strasbourg. Comme d'habitude Anne-Catherine Gagnière ne chômait pas dans la prière devant Dieu et elle leur dit : « M. le Pasteur Stuber, vous ne l'aurez plus, mais Dieu va vous envoyer un autre qui poursuivra l'œuvre de M. Stuber. » Quant à moi, on me rappela ma promesse faite à M. le Pasteur Stuber et le Bon Dieu me donna la possibilité de la tenir. Dans la suite M. le Pasteur Stuber travailla encore plusieurs années à Strasbourg et fut pleinement béni. Le Seigneur l'utilisa en particulier auprès de nombreux notables qui n'avaient pu digérer l'enseignement de la nouvelle naissance par M. le Docteur Lorenz ou arriver jusqu'à ce niveau et qui furent au moins conduits à une sincère crainte de Dieu par M. Stuber.

Lettre à la Convention des prédicateurs
de Herrnhut (1807), AMS, 195 et 164.

Études

Réponse à un étudiant de théologie catholique à Nancy au séminaire, où il y a quelquefois jusqu'à 300 élèves enfermés dans un même bâtiment.

Monsieur, vous me demandiez : « Si l'étude de la langue grecque et hébreue faisaient, après le latin, nos principales études ? »

Non, monsieur. Il me fallut étudier toutes les sciences suivantes dans l'espace de plusieurs années, mais pendant lesquelles je n'étais pas enfermé dans un séminaire ou maison quelconque, mais en instruisant et donnant leçon à d'autres, petits et grands, je gagnais de quoi payer mes professeurs.

Voici la liste de mes études, sauf omission par faiblesse de ma mémoire octogénaire :

Grec, hébreu, logique, rhétorique, métaphysique, arithmétique, géométrie, trigonométrie et astronomie, géographie ancienne et moderne, histoire universelle, physique, histoire naturelle, c'est-à-dire l'étude de toutes les créatures sur terre partagées en trois règnes : le règne animal, végétal et minéral, histoire philosophique ou l'étude des principaux systèmes des philosophes anciens et modernes, le droit naturel, les antiquités égyptiennes, grecques, romaines et hébreues.

Dogmatique, exégèse, histoire ecclésiastique toujours accompagnée de la géographie qui y est relative, étude de la doctrine des différentes églises ou communions comparée avec la doctrine de la Sainte Bible, étude pastorale, étude journalière de la Bible depuis le commencement jusqu'à la fin.

Tout comme le pain accompagne tous nos autres aliments jusqu'à la fin de notre vie sur terre, de même l'étude de la parole de Dieu doit accompagner toutes nos autres études ; et elle continue de même jusqu'au bout de notre carrière ici-bas, en suppliant le Seigneur qui en est l'auteur, de nous en faire connaître le vrai sens, et de nous donner les forces de nous y conformer fidèlement.

Les études des pasteurs protestants ou catholiques-évangéliques
Annales du Ban de la Roche (15 juillet 1820), MO, p. 270.

Autoportrait

Je suis un étrange composé de qualités contradictoires [...] Je suis intelligent et cependant mes moyens sont très limités ; je suis plus prudent et plus politique que la plupart de mes collègues, et pourtant j'entre facilement en colère. Je suis ferme, mais puis céder aux autres sans peine. Je ne suis pas seulement entreprenant, mais à l'occasion courageux, et au même moment peut-être secrètement lâche. Je suis très franc, mais complaisant envers les hommes, et par là même pas absolument sincère. Je suis germain et français tout ensemble – noble, généreux, prêt à rendre service, fidèle, reconnaissant, sensible au moindre témoignage de bonté –, et pourtant aussi léger et indifférent. Je suis extrêmement irritable. Ceux qui me traitent avec bonté prennent vite beaucoup d'ascendant sur moi, mais la contradiction me pousse à la ténacité, surtout dans les choses de conscience. J'ai l'imagination vive, mais peu de mémoire [...] Je suis si sensible que je ne puis parfois trouver d'expression aux sentiments qui m'oppressent et me causent une vraie douleur. Actif et industrieux, j'aime cependant l'indolence. J'admire la peinture, la musique, la poésie sans avoir d'adresse en aucun cas de ces arts. La mécanique, l'histoire naturelle, etc., sont mes études favorites. J'ai la passion de la régularité. D'instinct je suis soldat, mais l'étais davantage avant que mes forces corporelles fussent affaiblies. Je me suis toujours efforcé d'être le premier au danger et de rester ferme dans la peine. Dès mon enfance j'ai eu une aspiration dominante pour une vie plus élevée que celle de cette terre, et j'ai éprouvé le désir de mourir. L'ordre et la discipline militaire me plaisent dans la mesure où elles forcent le lâche à montrer du courage et l'homme désordonné à être ponctuel [...] J'ai une petite tendance sarcastique, mais sans malice intentionnée.

Portrait offert au Rév. Francis Cuningham (1820)
Memoirs of John Frederic Oberlin (1838), London, MO, p. 207-208.

Événements remarquables

1762. 26 août. Je soutins mes premières thèses (disputation) sous M. le Professeur Lorenz : *Epitome rerum Gallicarum ab origine gentis usque ad Romanorum imperium* [...]

1767. 20 mars. Je suis arrivé à Waldersbach comme pasteur [...]

1768. 6 juillet. Je me suis marié avec Melle Witter (Marie-Salomée) [...]

1769. Septembre. La bonne Sara Banzet, fille de Jean de Belmont, ancienne servante de Mme Stuber, enseigne aux enfants de Belmont à tricoter. *NB :* de son propre mouvement, ce qui donna l'idée et la naissance à l'établissement des conductrices de la tendre jeunesse [...]

1770. 6 mars. Mort de mon père, M. Jean-Georges Oberlin, théologien, précepteur de la première classe du gymnase de Strasbourg [...]

1773. Juillet. Suppression des Jésuites par Clément XIV, l'excellent Ganganelli [...]

1774. 24 avril. Mort de la bonne Sara Banzet, fille de Jean de Belmont, première conductrice de la tendre jeunesse depuis septembre 1769, de 28 ans.

10 mai. Mort de Louis XV, de 64 ans [...]

22 septembre. L'excellent Ganganelli, Clément XIV, meurt empoisonné. Dans cette année on me demanda pour pasteur à Ebénézer et dans les vastes environs en Géorgie, dans les colonies anglaises en Amérique. Mais la guerre avec les Anglais étant survenue, on me dispensa de ma promesse [...]

1778. 10 janvier. Mort de Charles de Linné [...]

29 mai. Mort de Voltaire [...]

1783. 5 juin. MM. Montgolfier font voler leur premier aérostat à Annonay en Vivarais [...]

1785. 27 janvier. Louise Scheppler commence à aller un jour par semaine faire l'école à tricoter chez M. le Pasteur Kolb à Rothau, malgré les hautes neiges, le froid vif et les vents durs [...]

1786. 17 août. Mort de Frédéric II, roi de Prusse, de 74 ans [...]

1789. 14 juillet. Prise de la bastille [...]

1790. 20 février. Joseph II, empereur d'Allemagne, meurt, de 49 ans.

14 juillet. La grande fête de la fédération à Paris [...]

1793. 21 janvier. Louis XVI, roi de France guillotiné (précisément onze ans après la mort de ma femme) [...]

15 décembre. Je comparus devant le président du Comité (infernal) de sûreté publique. Et Schneider, l'accusateur public comparut à la guillotine place d'armes à Strasbourg [...]

1794. 9 avril. Voulant commencer le service divin à l'église de Waldersbach, je fus interdit de toute fonction ministérielle. Et j'établis alors d'abord un Club ou Société populaire, et sous ce nom nous pûmes continuer nos assemblées religieuses [...]

2 septembre (ou an II, fructidor 16). La Convention nationale (sur un rapport de M. François Ehrman, député) décrète mention honorable de monsieur Jean-Georges Stuber mon excellent devancier et de moi pour vingt-sept ans de travaux dans l'instruction publique. Et malgré cela les administrateurs du district de Sélestat persistent à me défendre de toute instruction publique ou privée [...]

1795. 22 janvier (an III, pluviose 3). Le citoyen Bailly, représentant du peuple, sur le rapport de mon frère le professeur, m'autorise à recommencer mes instructions publiques et privées [...]

1797. 30 janvier. Mort de mon excellent prédécesseur, M. Jean-Georges Stuber [...]

1798. 26 septembre. Lavater, cet excellent pasteur et auteur reçoit le coup de fusil mortel [...]

1826. 1er juin. Mort de mon cher papa, M. Jean-Frédéric Oberlin, né le 31 août 1740, arrivé au Ban de la Roche le 30 mars 1767.

Sources de réflexions, sujets de prières, actions de grâces ou tableau chronologique des événements qui m'intéressent, AMS, 206-II, p. 43-52.

TEXTE 3 : PÉDAGOGIE PASTORALE

Éducation selon le juste

[...] Psaume CXXVII. 3. Voici, les enfants sont un présent de par l'Éternel et le fruit du ventre est une récompense de Dieu. Nous avons examiné la conduite du juste, dans son enfance, dans son adolescence, dans son âge viril vis-à-vis de son épouse ou époux. Il nous reste à examiner celle qu'il tient :

[...] 2. Vis-à-vis de ses enfants.

Il les regarde comme le plus beau, le plus précieux présent de son Dieu, ce sont les créatures du Très-Haut, les enfants du Père souverain, les brebis de son Sauveur qu'il s'est acquises par son sang ! Quel honneur pour un homme mortel que Dieu lui daigne confier un pareil trésor !

Aussi le juste est-il ravi de cet honneur et s'applique de toutes ses forces à s'en rendre digne.

Il les aime comme sa chair et son sang, il les estime car ils sont le bijou de Jésus-Christ, il les respecte, car ce sont les enfants du Tout-Puissant.

Par conséquent il tâche de se conduire soigneusement en leur présence, pour ne leur point donner de mauvais exemple. Pour la même raison il les tient en sa présence et compagnie autant qu'il est possible, et lorsque cela ne se peut, il tâche de les confier à des personnes de bien, il se garde bien de les abandonner au pâturage sans inspection, et y prendre le goût de l'oisiveté et la connaissance de divers crimes.

Si les enfants lui coûtent des douleurs, des peines, inquiétudes, soucis, incommodités innombrables, des dépenses fortes, il sacrifie le tout à Dieu [...] L'éducation de ses enfants lui fait-elle des dépenses auxquelles il semble qu'il doive succomber ou se laisser entraîner à des métiers dangereux, il ne perd point courage [...] Loin donc de se laisser abattre par des soucis rongeurs pour la subsistance temporelle, il prend plutôt courage [...] Rassuré du côté du temporel par la foi en le Dieu vivant, il applique tous ses soins sur le spirituel, sur l'âme de ses enfants, à leur inspirer des sentiments célestes, à les conduire à la vertu, à les rendre habiles, utiles et agréables aux hommes et à Dieu, au plaisir et au service de Dieu.

Mais Dieu qu'a-t-il à faire de nos services ? Que pouvons-nous lui donner, quel service pouvons-nous lui rendre ? « Ce que pour l'amour de moi vous aurez fait au plus petit même de mes enfants, vous l'aurez fait à moi, dit la voix céleste. »

Ainsi, qui veut élever ses enfants au service de Dieu, doit les élever au service du prochain, du genre humain. Pour cet effet le juste :

1 / leur inspirera un amour ardent et actif pour Dieu ;
2 / les mettra en état de gagner leur propre pain (car qui par paresse, libertinage, maladresse et ignorance ne peut pas cela comment assistera-t-il d'autres ? Quels services le public a-t-il à espérer de lui ?)
3 / un homme ne devenant habile dans sa vocation, qu'autant qu'il aura vu les différentes pratiques et

profité des progrès des autres de son métier, il enverra ses garçons voyager quelques années sur leur profession.

Ici il n'aura à craindre des obstacles ni de sa femme, car je suppose qu'il a une femme d'esprit, et obéissante et animée d'un amour solide pour ses enfants, pas d'un amour de singe, ni de ses enfants même, car dès leur plus tendre jeunesse il leur a appris à obéir et à régler leur volonté sur la sienne. Aussi les enfants se sont-ils toujours bien trouvés en suivant ses ordres, et ont appris par expérience qu'ils ne sauraient devenir heureux, qu'en prenant les chemins que le père leur prescrivit.

Encore le juste ne craint-il pas que ses enfants en voyageant sur leurs métiers deviennent scélérats. Dieu est partout et il a vu que la jeunesse de ce pays est tout aussi corrompue qu'elle puisse l'être : mensonge, hypocrisie, désobéissance, paresse, libertinage, paillardise, larcin, voilà les crimes qui ne sont que trop fréquents ici aussi bien qu'ailleurs. Le monde est monde, et celui qui est séduit ailleurs, serait devenu méchant ici, comme plusieurs autres qui n'ont pas voyagé. Cependant le père juste et fidèle prend ses précautions, et poursuit partout son enfant par la prière.

4) Il l'accoutume au bon ordre, car jamais, sans ordre et règle on ne saurait ni se rendre soi-même heureux, ni sa famille, ni son prochain, témoins tant de particuliers, des familles entières, même des assemblées de communautés, où par les manières usitées par les diètes de la Pologne, rarement on décide quelque chose de raisonnable et de vraiment utile.

5) Il lui inspirera des sentiments patriotiques et bienfaisants, de charité active et dominante pour tous les hommes. Il lui apprendra à ne jamais aspirer à la reconnaissance des hommes sans même s'y attendre, puisque fort souvent on est mal payé pour ses services, même

qu'il y a des gens dont l'ignorance est si grande, le cœur si corrompu, les sentiments si bas et frivoles, qu'on ne saurait souvent leur rendre de véritables services que malgré eux, et même en s'exposant encore à leur médisance, murmure et haine, récompense ordinaire des gens qui sont charitables avec prudence et sagesse, de sorte que le fils de Dieu lui-même n'en a pas eu d'autre sur terre, et qu'il n'en aurait d'autre s'il venait aujourd'hui encore sur terre.

Telle est la conduite du juste envers ses enfants [...]

Sermon (24 novembre 1776), MO.

Finalité de tout projet éducatif

S'il nous donne la nourriture et les habits, c'est pour nous porter à la reconnaissance et à l'amour de lui. S'il nous donne la santé c'est pour travailler afin qu'on ait de quoi donner aux pauvres, comme dit saint Paul, c'est-à-dire qu'on travaille non pas seulement pour se nourrir soi et sa famille, mais aussi pour avoir de quoi soulager le prochain lorsqu'il a besoin de notre assistance, ensuite pour contribuer sa part à l'entretien du service de Dieu et des arrangements salutaires, pour procurer à ses enfants les instructions nécessaires et pour se pourvoir de livres qui puissent servir à l'instruction, à l'édification, au salut de nous-mêmes et de nos familles.

— Si Dieu vous donne de l'esprit et des talents, c'est pour les employer à votre salut et au bien de votre prochain. S'il vous donne l'occasion à vous ou à vos enfants d'apprendre quelque chose de salutaire, malheur à ceux qui négligent d'en profiter ou qui n'obligent pas leurs enfants à en profiter.

Dieu a fait la grâce au Ban de la Roche de faire tenir des écoles où les adultes pouvaient apprendre à lire, encore maintenant, et il y en a d'autres où l'on peut apprendre à chanter à la gloire de Dieu et à l'édification de son âme, outre cela il nous a fourni un nombre de livres édifiants qu'on veut vous prêter. Et pourquoi Dieu nous a-t-il fait tant de grâces qu'on ne trouve pas ailleurs et que tout le monde qui vient au Ban de la Roche admire tant ? Si ce n'est pour en tirer profit ?

Si Dieu nous donne des enfants, il veut que nous tâchions de les élever au ciel et que, pour cette raison, nous n'épargnions rien de tout ce qui peut leur être salutaire ; et que nous allions plutôt mendier ou que nous manquions plutôt du nécessaire que de négliger l'âme et le salut des enfants. Personne ne vous oblige de vous marier, mais si vous le faites et que votre mariage vous fournit des enfants, alors Dieu veut que vous fassiez tout ce qui peut conduire au vrai bien et au salut de vos enfants. C'est ce que Dieu prétend, qui demandera compte à tous les hommes [...]

Il y a quatre choses que nous devons aux enfants : 1) la discipline, 2) l'instruction, 3) le bon exemple, 4) la prière.

1) Nous sommes obligés d'envoyer sans cesse des prières à Dieu pour nos enfants, des prières ferventes, des soupirs assidus, puisque Dieu nous assure et que l'expérience nous confirme qu'alors les enfants ne sauraient être perdus.

2) Nous leur devons de l'instruction, celle-ci est de deux sortes :

a) instruction que les pères et mères doivent donner eux-mêmes à leurs enfants dans leur plus tendre enfance et continuer tant qu'ils vivent ;
b) instruction que les maîtres d'école et les pasteurs leur donnent. Et à cet égard on ne doit épargner ni peine ni dépense et ne pas les envoyer sans la plus pressante nécessité un été entier au pâturage où ils

n'apprennent qu'à rien ou mal faire. Si vous ne laissez à vos enfants pas un sou de valeur après votre mort, mais qu'ils sont bien élevés, bien instruits et craignant Dieu, ils ne manqueront jamais du nécessaire pendant cette courte vie.

3) Nous devons à nos enfants de bons exemples. Nous devons nous garder de toutes nos forces de parler ni faire devant nos enfants la moindre chose qui soit reprochable. Mais que l'on viole terriblement cette règle ! Car où est-ce que les enfants apprennent à se dire des sottises, injures, jurements, si ce n'est des adultes ?

Combien de fois les pauvres enfants ne sont-ils obligés de voir leurs pères être oisifs, frivoles, se quereller, négligents au dernier point pour le salut ? même ivres ou gris ? Un tel père malheureux ose-t-il après cela dire à ses enfants le moindre mot d'exhortation, ose-t-il leur dire la moindre chose de la tempérance et sobriété, d'un Dieu saint, vengeur du crime, de la préparation continuelle à la mort, d'un dernier jugement, d'un ciel, d'un enfer ?

Non, il faut qu'il baisse ses yeux, et craigne devant les plus petits enfants d'ouvrir la bouche pour ne pas les entendre répondre : « O mon père, si vous croyiez tout cela, vous y régleriez votre vie ! » Et ainsi il faut qu'ils passent aux yeux de leurs enfants ou pour des menteurs ou pour des hypocrites.

Enterrement de Catherine Scheidecker (30 octobre 1768), MO.

Transposition didactique

L'automne.

[...] Qu'il est bienséant, mes chers frères ! Qu'il est bienséant aux hommes, les seules créatures raisonnables de cette terre, d'être attentifs et sensibles aux œuvres de son Créateur, et d'en faire des objets de ses louanges et actions de grâces ! C'est ainsi que fit l'homme selon le cœur de Dieu, David, le roi et prophète.

Toutes les productions de la nature, tous ses changements et ses variétés furent pour lui, autant de sources de plaisirs et de reconnaissance envers le Créateur ; il célébra, il chanta les beautés frappantes du printemps, les brûlantes chaleurs de l'été avec ses orages, les frimas sombres et humides de l'automne, et les froidures pétrifiantes de l'hiver.

Imitons l'exemple de ce pieux roi, jetons avec lui les yeux sur ce qui se trouve autour de nous, voyons si l'humide saison de l'automne a aussi de quoi nous porter à célébrer les louanges de l'Éternel.

Quel changement ! A peine y a-t-il quelques semaines, que la force ardente des rayons du soleil fit soupirer le laboureur et le voyageur après la bienfaisante ombre de quelqu'arbre ou toit, pour rappeler les forces que la chaleur avait dissipées, et maintenant le soleil semble avoir à peine de quoi nous défendre contre le froid de l'air !

Le soleil a-t-il changé de nature ? Ou est-il sujet comme nous autres hommes mortels à des variations de vigueur et de faiblesse ?

D'où viennent ces brouillards, qui tantôt s'accrochent aux sommets de nos montagnes, tantôt volent d'une montagne à l'autre, tantôt s'ouvrent, se partagent, gagnent les hauts et semblent se mettre en chemin pour chercher d'autres pays, tantôt se rassemblent, descendent et tiennent les habitants de la vallée renfermés dans d'humides tombeaux ?

Qu'est-il arrivé aux arbres et aux plantes de toute espèce ? Ils ne poussent plus, leur charmante verdure jaunit, se dessèche, se laisse emporter par les vents, couvre la terre au large et au loin, et laisse l'arbre tristement dresser ses branches nues vers le ciel ?

Quelle est la cause de ce changement universel de la nature ?

Voyons-là, premièrement, cette cause ou source, et ensuite, le changement qu'elle produit. Et toi Éternel, monarque des cieux, qui en créant la terre, l'a arrangée avec tant de sagesse, qu'une foule de merveilles succède toujours à l'autre, et que toutes les saisons célèbrent les louanges de leur puissant créateur ! O fais que nous devenions plus sensibles aux œuvres de tes mains, et que nous cherchions et trouvions partout des motifs à t'aimer, à te respecter, à te glorifier, Amen.

I. La source des changements de la nature en automne

Notre soleil étant destiné au service de la terre entière, doit porter sa chaleur vivifiante d'un pôle à l'autre, et produire partout l'été, cette riante saison, pendant laquelle la nature ne semble occupée qu'à préparer nos provisions pour toute l'année ; par conséquent il n'oserait rester dans la même position par rapport à notre pays, il faut qu'il le quitte pour faire visite à d'autres, et leur rendre le même service.

Vous voyez, qu'en disant que le soleil nous quitte, je parle le langage vulgaire, afin que vous puissiez mieux comprendre. Il suffit d'avertir que les mouvements, que le langage vulgaire attribue au soleil, appartiennent effectivement à la terre. C'est la terre qui tourne autour de son axe et qui se roule à l'entour du soleil en l'espace d'un an. Cela supposé, je continue. Le 20 mars environ, le soleil se trouve exactement sur l'équateur, ou la ligne équinoxiale, c'est-à-dire exactement sur le milieu de la terre, entre les deux pôles, et rend par toute la terre la nuit égale au jour, en faisant durer l'un et l'autre douze heures.

Dès lors, s'éloignant des peuples qui sont de l'autre côté de la ligne, il s'approche de nous, et montant de jour en jour vers notre horizon jusqu'au 21 de juin, en raccourcissant toujours les nuits et en prolongeant les jours à proportion qu'il avance ; la nuit n'est enfin longue que de huit heures, et le jour au contraire est long de seize heures.

Le soleil s'arrêtant si longtemps tous les jours sur notre horizon, remplit les airs et la terre du feu de ses rayons, ce qui augmente considérablement le mouvement des sucs de la terre ; ils s'élèvent avec force dans les plantes, et nous avons alors l'été. Les chaleurs continuant toujours, raffinent les sucs. Les blés, les fruits, les foins mûrissent et nos provisions sont presque achevées.

Le but étant ainsi obtenu, pour lequel le soleil s'était élevé vers notre pôle, il s'en éloigne, il nous quitte pour porter son feu bienfaisant aux peuples de l'autre côté de la ligne, qui en attendant avaient eu à soutenir les frimas de l'hiver.

Le 22 septembre, le soleil se trouve pour la seconde fois vis-à-vis de l'équateur, sur le milieu de la terre, entre les deux pôles. Les jours alors pour toute la terre sont derechef égaux à la nuit, et nous commençons notre automne, en même temps que les peuples de l'autre côté de la ligne se réjouissent du retour du printemps.

Cependant, le soleil avance vers eux, pour leur porter l'été, et s'éloigne par conséquent de nous de plus en plus. Nos nuits s'allongent alors, nos journées se raccourcissent, en continuant ainsi jusqu'au 21 décembre ; nous sommes alors au cœur de l'hiver, et les peuples de l'autre côté de la ligne sont au cœur de leur été ; les jours, qui chez nous ne sont que de huit heures, sont chez eux de 16 ; et les nuits étant de seize heures chez nous, ne sont que de huit chez eux, à la même latitude méridionale.

Voilà la source des grands changements de la nature dans cette saison. L'éloignement du soleil, qui après avoir fait croître et mûrir nos provisions, de même que les provisions de tous les peuples, qui demeurent en deçà de la ligne, va porter les mêmes avantages à ceux qui demeurent au-delà d'elle.

Voyons maintenant aussi :

II. Les changements eux-mêmes,
ou les effets que l'éloignement du soleil produit.

1) Effets sur l'atmosphère ou sur l'air qui nous environne.

Ici nous trouvons une plus abondante rosée, plus de pluie, plus de vents, un ciel souvent couvert, des brouillards, de la gelée blanche.

Quand pendant les belles journées les rayons du soleil peuvent agir librement sur notre atmosphère, alors l'air s'étend, et acquiert plus de force. Les vapeurs innombrables dont l'air est rempli, s'étendent de même mais deviennent plus légères, gagnent par conséquent le haut, et nous deviennent imperceptibles.

Mais lorsque le soleil a quitté notre horizon, la chaleur de l'air se dissipe peu à peu, l'air se resserre, les vapeurs se condensent, deviennent plus pesantes, descendent doucement sur la terre et rafraîchissent les plantes épuisées par l'ardeur du jour. Et voilà ce que nous appelons la rosée tombante. La rosée montante est celle qui s'élève de la terre, quand les vapeurs qui s'y trouvaient, gonflées et devenues plus légères par la chaleur qui se trouve dans la terre, montent hors de la terre, pour humecter et ranimer aussi les plantes, comme fait la rosée tombante, mais en y entrant par les pores, qui se trouvent à leur surface inférieure.

Or comme pendant l'été l'air est ordinairement trop réchauffé et les nuits sont trop courtes, pour que les vapeurs aient le temps de se refroidir et de devenir assez pesantes pour qu'elles puissent tomber copieusement sur la terre, vous voyez pourquoi les rosées ne viennent bien et ne deviennent abondantes que lorsque les nuits commencent à devenir longues. Et voilà l'avantage que nous procure l'éloignement du soleil.

La terre, l'herbe, les plantes potagères, les buissons et les arbres, desséchés et épuisés par la chaleur, reçoivent et sucent cette humidité bienfaisante dans leurs pores dilatés, comme dans autant de bouches ouvertes. Les arbres lui présentent la surface de leurs feuilles garnie d'une infinité de petits trous, comme des cribles. Et en peu d'heures, tout est rafraîchi et ranimé d'une nouvelle vigueur. Ce qui en reste se ramasse en petites gouttelettes, qui garnissent les fines pointes des plantes, ou occupent leurs cavités, et présentent le matin, au laboureur attentif et sensible le plus charmant spectacle : l'air s'étant déchargé pendant la nuit de ses vapeurs, est pur et serein, le soleil se lève dans sa majesté brillante, et peint partout ses semblables dans les gouttes de la rosée ; vous vous tournez et retournez, et il vous semble que votre pré est semé d'étoiles ; chaque gouttelette brille et chacune représente l'auguste astre du jour, le soleil, en petit.

Belle image de ce que nous devrions être et de ce qu'il faut que nous devenions. On devrait pouvoir dire de chacun de nous : comme il y a autant de petits soleils ou de petits portraits du grand soleil qu'il y a de gouttes de rosée, autant y a-t-il de petits portraits du grand Dieu qu'il y a d'hommes au monde, au moins dans notre paroisse [...].

Le soleil dardant ses rayons sur les restes de la rosée, les raréfie de nouveau. Ils se changent encore en vapeurs qui s'élèvent et sont bues et pompées en partie par la surface inférieure des feuilles d'arbres, ce qui forme la rosée montante, en partie montent en l'air et y sont empreintes et fécondées par les particules huileuses, sulfureuses et salines qui en prodigieuse quantité nagent dans l'air, et ainsi fertilisées, elles attendent le retour de la nuit pour former de la nouvelle rosée et communiquer à la terre les sucs fertiles dont elles sont fécondes.

Lorsque par la longueur des nuits et l'arrivée des frimas du nord, ces restes de la rosée, au lieu de se ramasser en gouttelettes se roidissent et sont glacées, on les appelle de la gelée blanche. Elle paraît blanche, parce que toutes les vapeurs changées en de petites lames polies, de même que la neige, réfléchissent les rayons de lumière en entier, car tous les rayons réfléchis en entier nous paraissent blancs.

Venons aux vents. Le vent n'est autre chose qu'un courant ou un mouvement rapide de l'air, qui est excité quand l'équilibre de l'air a été troublé. Il en est de l'air comme de l'eau. Quand vous avez de l'eau dans un vase ou réservoir, et qu'elle y est également haute, elle est tranquille et calme, et elle restera toujours dans cet état de calme, tant que vous ne troublez pas son équilibre. Mais dès que vous aurez brisé le vase, ou fait un trou au bas du réservoir, l'eau en perdant son équilibre perdra son calme, et se précipitera avec rapidité hors de sa place, et ne cessera de couler, jusqu'à ce qu'elle sera également répandue partout.

Quand pendant les chaleurs de l'été, les rayons du soleil ont raréfié et dilaté notre air, il s'est détendu vers tous les côtés et a forcé l'air des pays voisins à lui faire place ; et alors les habitants des pays voisins auront senti un vent qui sera venu de notre pays.

Mais quand par l'éloignement du soleil, les chaleurs cessent, et ne soutiennent plus l'étendue formée de notre air, alors l'air des pays voisins dont la force a été augmentée par la pression continuelle du nôtre, ne trouvant plus la même résistance qu'auparavant, fond et se précipite avec plus ou moins de violence dans le nôtre, jusqu'à ce que l'équilibre de l'un et de l'autre soit rétabli, c'est-à-dire jusqu'à ce que notre air et celui des pays voisins soient d'une force égale, également serré ou également étendu et dilaté.

Il y a eu ci-devant des prétendus philosophes qui, oubliant leur néant, et trahissant leur profonde ignorance en fait de physique ont osé critiquer le Tout-Puissant et demander fièrement : à quoi bon les vents ? Dieu n'aurait-il pas pu entretenir l'équilibre de l'atmosphère ? Pourquoi ces guerres continuelles entre les airs des différents pays ?

On leur a répondu que les vents, l'objet de leur impudente critique, sont une des plus fortes preuves de la sagesse divine en arrangeant le monde car :

1 / outre que les vents servent quelquefois de verges pour effrayer salutairement, ou pour châtier des peuples, qui oublient leur dépendance du Créateur, en les menaçant de la ruine de leurs habitations et possessions ils servent :

2 / au jeu d'un grand nombre de machines utiles. Par exemple, pour faire tourner les moulins à vent, dans les pays où les eaux courantes sont trop rares ;

3 / les vents sont la base du commerce, ce sont eux qui transportent nos marchandises et les productions abondantes de l'Europe dans les pays éloignés, où on les échange contre les besoins qui nous manquent. Ce sont eux par conséquent qui font vivre tant de milliers de manufacturiers. Sans vents il n'y aurait point eu de coton chez nous et les pommes de terre n'auraient pas été transplantées de l'Amérique en Europe ;

4 / ce sont les vents qui amènent à tant de pauvres peuples sauvages et superstitieux les prédicateurs de la connaissance glorieuse et salutaire du Seigneur Jésus-Christ ;

5 / ils rafraîchissent les trop grandes chaleurs. Souvent lorsque les vents ont manqué, les hommes et les bestiaux se sont évanouis et ont péri ;

6 / ils entretiennent la salubrité de l'air en la purifiant des exhalaisons malfaisantes et contagieuses et en

l'empêchant de se corrompre. Quand les vents cessent longtemps de souffler, pendant les grandes chaleurs, il n'y a plus moyen ni de prévenir, ni d'arrêter les contagions et la peste ;

7 / ils ramènent le beau temps, en chassant les nuées, qui sans cela souvent nous inonderaient ;

8 / après de longues sécheresses, ils nous portent sur leurs ailes les nuages de dessus la mer, qui en se répandant en de salutaires pluies, raniment nos espérances, etc.

Nous réservons les autres effets de l'éloignement du soleil à une autre occasion. En voilà assez pour dire avec David : « Éternel, toutes tes œuvres te célèbrent, et tes bien-aimés te béniront. »

Sermon (30 octobre 1774,
répété le 31 octobre 1794 et le 10 novembre 1815), MO.

Des loisirs

[...] Examinons ce que c'est que les amusements des chrétiens. Ensuite nous vous rendrons leur usage légitime et leur abus plus sensible par sept ou huit règles que nous y ajouterons.

Les amusements des chrétiens sont des occupations agréables et utiles, qu'ils entreprennent avec bonne conscience et comme dans la présence de Dieu, dans le dessein de réparer par là les forces épuisées du corps et de l'esprit, et de se rendre plus propres et plus capables à vaquer aux œuvres de leur vocation, et de leur heureuse destination. Ainsi pour répondre à leur but il faut :

1. Qu'ils soient utiles, c'est-à-dire qu'ils aident à relever et perfectionner les forces de l'esprit et du corps. Par exemple, l'exercice militaire et le tirage avec le fusil, ou le lancement d'assiettes de bois, ou même le jeu de quilles,

peuvent aider à avoir un coup d'œil plus exact, et donnent plus d'adresse au corps. Le dessin et l'écriture exercent la main et les yeux, et rendent un homme beaucoup plus adroit, plus capable et plus utile. L'exercice du chant divertit en même temps et peut nous rendre meilleur si la matière des cantiques ou chansons est instructive et touchante. La lecture de beaux livres peut éclairer l'esprit, nous donner des lumières et des expériences rares et admirablement utiles. Le jeune homme de 20 ans en lisant ce que depuis quelques centaines d'années on a inventé de meilleur, peut par là acquérir plus d'expérience que s'il avait lui-même vécu quelques cent ans. C'est par là que sans sortir de son pays, il apprend les usages, les merveilles et les pratiques de tous les autres pays. Enfin la lecture peut anoblir le cœur et nous inspirer de plus en plus des sentiments célestes et divins. Quelquefois un petit voyage instructif peut aussi nous faire du bien à plusieurs égards.

2. De tous les amusements il faut choisir ceux qui sont les plus utiles, les moins coûteux, les moins séduisants à l'abus.

3. Il faut qu'ils nous rendent effectivement plus portés, plus vifs, plus capables au travail et à la pratique de nos devoirs. Il ne faut donc pas que par la fatigue qu'ils donnent, ou par leurs attraits séduisants, ils nous prennent les forces et le goût du travail, il ne faut pas qu'ils réveillent en nous des passions criminelles, ni impures.

4. Il ne faut pas qu'ils soient contraires à aucuns de nos devoirs (car ils doivent nous y rendre plus propres) par exemple :

1 / à l'obéissance due au Magistrat civil ou à quelqu'autre supérieur ;
2 / à celle que nous devons aux pères et mères, ni à l'obéissance et au profond respect que nous devons à la toute présence de Dieu ;
3 / au bon exemple ;
4 / au devoir de travailler ;

5 / à celui de bien employer notre argent (à nos besoins et au bonheur du prochain) ;
6 / à celui de nous édifier, c'est-à-dire de travailler à éclairer notre esprit et à corriger et sanctifier notre cœur.

5. Il ne faut pas que les amusements, par ce qu'ils ont d'agréable, nous attirent trop, nous lient, nous enchaînent, de sorte que nous négligions nos autres devoirs.

Par exemple si on ne se contente pas du temps qu'on y avait destiné, mais qu'on le double et triple ce qui est un abus, car alors l'amusement empêche les autres devoirs, et on le cherche pour l'amusement même, et pas pour réparer les forces.

6. Il ne faut pas que les amusements soient d'une sorte qui incommode les autres personnes. Par exemple si on tirait proche des maisons, si on incommodait les personnes qui dorment, etc. Un homme de bien est mortifié de faire quelque peine à d'autres, il aime bien mieux contribuer au bien-être et à la satisfaction de tout le monde et il est prompt à renoncer à ses plaisirs et amusements dès qu'il s'aperçoit que ces derniers deviennent incommodes à d'autres personnes.

7. Dans les amusements comme d'ailleurs il faut se souvenir que nous avons un esprit immortel qui nous distingue des bêtes ou animaux. Les animaux ne connaissent que les plaisirs du corps ; et un homme qui n'aime que cela, et pas les sciences, et pas la culture de l'esprit et du cœur, saint Paul l'appelle un homme-animal, c'est-à-dire un animal à deux pieds et figure d'homme. Recherchez donc, ô hommes et garçons adultes, recherchez donc les sciences, chers amis, et la culture de l'esprit et du cœur. Aussi la semaine est-elle trop longue ; c'est trop de temps d'un dimanche à l'autre de n'avoir point de nourriture spirituelle. Comment voudrions-nous résister aux tentations de la chair et aux

convoitises du corps, comment ne pas devenir bête ou animal ? Distinguons-nous des animaux et recherchons les sciences et la culture du cœur et de l'esprit. Le cheval et le bœuf ne connaissent que les besoins et les amusements de la bouche, ne vous ravalez pas jusqu'à eux, faites honneur à votre état d'homme. Au bout de l'année vos ouvrages ne seront pas retardés pour les deux heures que vous aurez employées au milieu de la semaine à la nourriture et culture de votre esprit immortel.

8. Puisque les choses permises et innocentes peuvent devenir mauvaises et blâmables par les circonstances qui y sont jointes, il faut soigneusement veiller sur ces circonstances et en éloigner les dangereuses, ou bien s'éloigner soi-même, et renoncer à cette sorte d'amusement.

De pareilles circonstances sont par exemple :

— quand on s'échauffe ensemble, on veut éteindre la soif, on boit dans la chaleur, ou on boit trop de vin ;
— ou quand dans la compagnie il y en a, qui par leur grossièreté, par les injures et menaces qu'ils disent aux autres, les excitent aux querelles ; ou quand il y en a qui amènent des discours impudiques et sales. Alors il est temps de fuir ;
— ou quand on joue pour un certain gain. Alors un seul gagne, d'autres en deviennent jaloux et envieux et lui font ce qu'ils ne voudraient pas qu'on leur fît en pareil cas. Ils ne veulent pas le laisser jouir paisiblement de son droit. L'autre sent qu'on lui fait tort, s'y oppose, les humeurs s'aigrissent et la dispute s'échauffe, et qui peut alors garantir des suites mauvaises ?

Les amusements doivent nous rendre meilleurs, mais alors on devient pire.

Ne vaut-il pas mieux ne pas mettre de prix à celui qui aurait atteint ce but ? Ou en mettre un assez petit, pour ne pas exciter des jalousies, ou en proposer plusieurs ?

9. Il ne faut pas continuer les amusements (surtout les bruyants) jusqu'à ce qu'on en soit rassasié, car alors sûrement nous en abuserions, ils nous entraîneraient à des excès.

Pour l'éviter, il faut continuellement soutenir la maîtrise sur ses passions, et il faut finir les amusements avant que le goût pour eux ait pu commencer à nous emporter par sa violence.

Il en est de nous par rapport à nos passions comme d'un carrosse tiré par des chevaux trop vifs : dès que le cocher lâche un peu trop la bride, c'en est fait de sa maîtrise sur les chevaux. Je vais vous en donner un exemple.

Un certain seigneur d'Allemagne voulut aller voir une de ses terres, il y alla dans son carrosse tiré par six chevaux bien nourris, vigoureux et fiers, qui cependant obéirent au cocher. Bientôt, sentant l'air frais de la campagne, leur vivacité redoubla. Ils étaient impatients de sauter, de galoper. Un peu ne fera point de mal, pensa le cocher, je prendrai garde. Il leur lâcha un peu plus la bride, les chevaux galopèrent et assez doucement d'abord, bientôt un peu plus vite, encore un peu plus vite. Le cocher tire la bride : il n'est plus temps, les chevaux ne le sentent plus, ils ont pris les mors entre les dents. Ils volent, le carrosse ne semble plus tiré par des chevaux mais par des oiseaux. Le cocher tire de toutes ses forces. La rêne, la courroie principale de la grande bride se rompt. Voilà le danger au comble. Le cocher est hors d'état de plus gouverner les chevaux, ceux-ci se sentant maîtres emportent le carrosse par-dessus toutes les inégalités de la campagne, les secousses jettent le cocher de dessus son siège. Le carrosse lui passant sur un bras le brise. Le seigneur pour se sauver saute du carrosse, se casse une jambe. Le carrosse toujours emporté est tantôt heurté contre les troncs d'arbres, tantôt contre les rochers, perd de ses roues, se brise en pièces. Les chevaux encore plus épouvantés par le fracas du carrosse entrent dans un bois, s'embarrassent dans des marais et des racines d'arbres où quelques-uns d'entre eux se cassèrent les jambes. Ainsi cocher, seigneur, carrosse, chevaux, tous eurent leur malheur, et tous ces malheurs auraient pu être prévenus si le cocher avait eu la prudence de tenir dès le commencement ses chevaux toujours en bride.

Vous voyez mes chers frères, quelle leçon cette aventure fournit tant au magistrat civil, qui tient les rênes du gouvernement d'un peuple, qu'à chaque homme assez raisonnable pour être en souci de ne pas se laisser emporter par ses passions.

Quand donc vous vous amusez, ne perdez pas de vue le but du divertissement, qui doit être pour réparer les forces perdues de l'esprit et du corps et de vous rendre plus habiles et plus vifs à l'exercice de votre vocation et de vos devoirs. Observez toujours vos passions, et dès que vous sentez que le goût pour le plaisir devient trop fort et trop vif, retirez-vous à la hâte, il est temps.

Sinon, vous perdez votre maîtrise sur vous-mêmes, votre passion vous emporte et il vous sera impossible de revenir de l'amusement sans avoir blessé la conscience en manquant à quelques devoirs. Vous ressembleriez à un vaisseau qui a perdu ses mâts et son gouvernail ou à ce cocher avec la bride rompue. Les passions vous mèneraient d'excès à excès.

Les uns ne trouveraient plus de fin à leurs amusements, d'autres demanderaient à boire quand les heures fixées par le Magistrat sont passées, on le leur refuserait peut-être, mais ils ne se posséderaient plus, ils ne seraient peut-être guère plus maîtres d'eux-mêmes qu'un chien enragé, d'autres prolongeraient leur divertissement jusque dans la nuit, même jusqu'au lendemain, d'autres encore tout ivres du plaisir, attendraient avec impatience l'ouverture des fêtes catholiques du voisinage, et ne seraient plus en état de se refuser d'y aller, quoique leur conscience ne leur conseillât pas, parce que dans les villages catholiques il règne encore plus d'excès que dans les nôtres, et que y ayant plus de liberté, il est plus malaisé de se garantir d'y prendre part.

10. Si au contraire vous veillez sur vous-même, et que vous envisagez toujours le but de vos amusements, vous serez garantis de tout abus, vous pourrez au nom de Dieu votre Créateur et de votre Sauveur, et comme en sa présence, et en continuant à vous entretenir avec lui, commencer vos amusements et les finir avec une confiance aussi nette et bonne que si vous aviez fait quelque œuvre de charité.

Sermon (3 septembre 1775), MO.

Salaire des maîtres d'école

Mauvais grain aux maîtres d'école.

Chers amis !

Il arrive quelquefois qu'il repose sur une famille des sujets de malédictions dont on ne s'avise pas des péchés graves devant Dieu, qu'on avait pas reconnus pour tels, que par conséquent on n'avait ni confessés, ni réparés, et qui depuis toujours sont demeurés une gouttière, dont découlent des châtiments et des malheurs sur les familles.

Tel est le cas dont je veux parler pour l'amour de ceux qui pourraient en être coupables sans y penser.

Une partie du salaire des maîtres d'école consiste en grain. Or il est arrivé plusieurs fois que l'on a envoyé aux maîtres d'école du grain éminemment rempli de mauvaises graines et de semences d'ivraie.

Cela marquait le mépris qu'on faisait des instructions données aux enfants, de plus le mépris qu'on fait des enfants même, et du Seigneur Jésus-Christ notre souverain juge et Dieu.

Dieu a même défendu de semer un mélange de grains pour dire : « Employez avec vos enfants les moments de loisirs pour nettoyer soigneusement le grain que vous voulez semer, au lieu de passer ce temps à jaser et oisifs. »

Or si même pour le semer en terre le grain doit être propre, combien plus pour en donner le salaire à ceux qui donnent instruction aux enfants, enfants de Jésus-Christ et de Dieu !

Ceci est d'autant plus criminel, que Dieu qui donne tous les revenus tant du travail que des produits de la terre, s'est réservé la première dîme de toute espèce de revenu et l'a déclarée être une chose sacrée, qui doit uniquement être employée aux objets relatifs au salut, au culte divin et à l'instruction, et dont par conséquent on doit prendre de quoi payer honnêtement et gaiement et devant Dieu le salaire des maîtres d'école.

Cela suffit maintenant. Ce que j'en ai dit, je l'ai fait pour l'amour des personnes qui peuvent être coupables à cet égard, et pour qu'ils puissent s'en ressouvenir, confesser et réparer leur tort, en obtenir pardon et dissoudre la nuée de malédiction qui reposait pour cette cause sur eux et leur famille.

Que Dieu veuille inspirer à chacun les sentiments de cet homme pieux, qui ne se fiant pas à soi-même avait la coutume de prier : O Dieu miséricordieux, qui n'aime pas à nous frapper, veuille me découvrir les péchés qui me sont cachés, et qui forment et amassent sur ma tête une nuée de pluie de châtiments et de malheurs.

Sermon (16 janvier 1814), MO.

TEXTE 4 : BIBLIOTHÈQUE DE PRÊT

Notes de lecture

1767. *Robinson Crusoé,* t. I : Je le trouve très aimable. Dans sa jeunesse il ne valait pas grand-chose, mais il se convertit. L'histoire est très intéressante, le style agréable et frais. Ce qui lui arrive est singulier mais assez vraisemblable. Je ne m'étonne pas tant de ce qu'il raconte, mais bien plus de ce que l'on entende pas plus souvent des histoires semblables, puisque chaque année tant de bateaux font naufrage et que tant de régions sont encore inhabitées. C'est un bon livre pour des gens qui, comme les habitants du Ban de la Roche, sont obligés de faire presque tout par eux-mêmes, presque comme Robinson.

1774. *Les aventures de Télémaque,* 224 p. : Quel livre tout à fait incomparable ! Quel trésor pour apprendre la sagesse, en particulier pour un roi, et en même temps aussi pour chacun à qui Dieu a confié un petit peuple à éduquer. Il gagne à être lu plusieurs fois.

1775. Collection des œuvres complètes de M. de Voltaire, t. II, 418 p. : Versificateur admirable et unique. Cœur d'un scélérat accompli.

1777 janvier. La *Nouvelle Méthode sur l'éducation* par M. Basedow, 1772 : [...] grand homme ! Pour la réforme des écoles, l'éducation et la formation professionnelle.

1777 janvier. *Lettres écrites à un ami, pendant le séjour des troupes françaises à Zelle en 1757-1758*, 239 p. : L'auteur est un pasteur des Français réfugiés que ses talents, générosité, zèle pour sa nouvelle patrie, etc. rendirent si cher, si aimable aux généraux français, qu'il devint l'ange tutélaire de la ville de Zelle. Les lettres sont écrites avec beaucoup de sel et d'agrément, et méritent de faire partie de la bibliothèque de la paroisse.

1780 octobre. *L'ami des enfants*, à l'usage des écoles de campagne, t. II, 192 p. : Que Dieu soit remercié de tout cœur pour ce petit livre. Oh combien de temps ai-je soupiré après de semblables textes pour mes écoles et pour mes enfants français non francophones, qui ne comprennent que le patois.

1780 novembre. *Émile ou de l'éducation* par Jean-Jacques Rousseau, t. I, 442 p. : Un livre tout à fait excellent. Je ne tiens pas et de loin toutes les règles qu'il donne pour praticables, même pour les meilleurs. Ce livre contient cependant tant d'instructions et de si belles observations qu'il me semble qu'il serait impérativement nécessaire que tout un chacun le possède et que chaque instituteur le lise et le relise.

Décembre. *Émile*, t. II, 331 p. : Le cher, honnête et infaillible Rousseau.

Récapitulation du nombre de livres que j'ai lus depuis :

1766-39 ; 67-30 ; 68-20 ; 69-27 ; 70-13 ; 1771-20 ; 72-18 ; 73-31 ; 74-29 ; 75-77 ; 76-29 ; 77-40 ; 78-64 ; 79-50 ; 80-51 ; 538 livres.

1781 septembre. *Émile ou de l'éducation* par Jean-Jacques Rousseau, t. III, 328 p. : Un cher, honnête, philosophe païen ! On ne peut mettre cette partie entre les mains de chrétiens non confirmés.

1781 septembre. *Vie de Nicolas Louis comte de Zinzendorf, etc.,* écrite par Spangenberg, t. I jusqu'à la p. 176, t. II jusqu'à la p. 393, t. III jusqu'à la p. 328 : Dieu soit loué et remercié pour ce précieux cadeau ! Jusqu'à présent j'étais plein de préventions vis-à-vis de ce comte. A présent je vois qu'il fut un vrai prophète et un disciple de Jésus des plus sincères.

1785. *Mon voyage en Espagne* par M. le Marquis de Langle (1785), t. I, 223 p. : Aimable jeune homme de vingt ans, n'a écrit que pour des lecteurs sensés, et surtout bien instruits dans la vraie religion de l'Évangile. Pour ceux-là, il n'y a point de venin, mais pour d'autres, car il lance bien des traits piquants à la religion, mais seulement à la fausse, défigurée, gâtée par le système romain. Il est admirateur zélé de Rousseau, mais seulement parce qu'il croit trouver dans Rousseau cette humanité noble et bienfaisante, qui fait le principal point de l'Évangile. Amoureux à l'excès, il déraisonne quelquefois furieusement.

T. II : Toujours les pires saillies sur les mystères de la religion. Souvent bien libertin. Non, on ne peut donner ce livre qu'à des chrétiens mûrs, et bien mûrs. Il est moqueur décidé.

Notes de lectures, AMS, 403.

Révolution linguistique

Le patois, que je ne comprends pas, est en fait la langue maternelle des gens d'ici et au début de mon ministère (voilà 41 ans que je suis ici) j'ai parfois dû me faire accompagner d'un instituteur comme interprète au chevet des malades. Mais voilà longtemps que ce n'est plus utile. Chacun comprend le français, néanmoins je dois présenter mon exposé de façon très compréhensible et très simple, ce qui me vaut parfois le mépris des gens plus érudits qui se considèrent comme sages, mais ont une mentalité de pharisiens. Mais qu'importe, moi, en tous cas, j'évite le style pédant des livres que la très grande majorité trouve certes beau, sans toujours le comprendre.

Dans bien des maisons on ne parle même plus le patois avec les enfants. Bien sûr, les premiers qui agirent ainsi, furent raillés par d'autres, mais comme ils eurent le courage de supporter ces moqueries, le nombre des maisons où l'on parle français ne cessa d'augmenter. Mais dans les affaires publiques, entre eux, tout est traité en patois car c'est leur vraie langue qui s'étend jusqu'à l'autre bout de la France, avec cependant des différences locales qui sont même déjà perceptibles entre les huit villages du Ban de la Roche.

Cette révolution au niveau de la langue fut provoquée par le Bon Dieu (car il s'agit d'une grâce très importante) en partie à cause des écoles, en partie par la bibliothèque populaire que mon excellent prédécesseur avait fondée, en partie aussi et tout spécialement par les « conductrices de la tendre jeunesse » ou monitrices de tricot que le Dieu de Grâce m'a offertes il y a plus de trente ans et partiellement maintenues jusqu'à ce jour.

Lettre à la Convention des prédicateurs
(2 mai 1808), AMS, 172.

Trafic de livres

Je veux vous donner aujourd'hui une petite notion du trafic de livres que M. Stouber a établi, et que j'ai continué jusqu'aujourd'hui.

C'est un trafic de charité, c'est-à-dire entrepris pour le service du prochain. Un trafic dont l'avantage revient à la paroisse, et toutes les peines et soins au pasteur.

Ci-devant le pays était très ignorant, et ne pouvait que l'être, puisque les difficultés pour se procurer de quoi s'instruire étaient presque insurmontables. Point de trafic ou commerce, point de chemins, ou des chemins abominables. Pour avoir une Bible, il fallait envoyer à Bâle, pour un catéchisme il fallait aller à Montbéliard. Les livres de cantiques on les tirait ordinairement de Francfort, ensuite de Strasbourg, et l'encre, le papier et les plumes, il fallait les tirer de Barr.

Or pour soulager les pères, qui désiraient de pourvoir à leurs enfants une instruction qu'eux-mêmes n'avaient pas eu, M. Stouber entreprit un trafic. Il fit venir à la fois une certaine quantité de catéchismes, d'ABC, de livres de cantiques, et même des Bibles. Il fit imprimer lui-même l'excellent alphabet, qu'il avait composé avec des peines étonnantes. Il établit une bibliothèque de lecture publique, et une autre pour servir dans les écoles.

Pour cela il fallait des fonds. Après (l') avoir entrepris au nom de Dieu, Dieu lui procura aussi peu à peu les fonds par la charité des Strasbourgeois. Cependant quand je vins chez vous le 30 mars 1767, la caisse de trafic qu'il avait appelée caisse de charité, et qui ne consistait que dans une petite boîte de la valeur d'un sol, lui devait une somme considérable.

Je me chargeai de la dette, et du trafic, et de l'entretien des deux bibliothèques. Dieu m'assista, et peu à peu la dette fut payée, quoique les deux bibliothèques furent considérablement augmentées, et même des prix distribués.

Pour mieux faire face aux dépenses, je fis tout mon possible pour épargner la caisse. J'allais aux foires à Strasbourg, je cherchais les marchandises de la première main. J'amenais les marchandises avec moi et à mes frais, d'autres fois j'en fis venir par mes amis qui venaient me voir. Je préparai moi-même une quantité de choses qui servirent aux prix. Je gravai, imprimai et fis imprimer à mes frais de petites cartes géographiques, et le prix de celles qui se vendaient revenait à la caisse. La même chose se fait encore. Au commencement j'achetai des couleurs en coquille, mais cela devenait trop cher. Je me mis à broyer et préparer moi-même et par mes servantes et autres gens à gages [...]

Einkauf ou approvisionnement pour la librairie
(9 février 1792), MO.

Lectures publiques

Comme c'est Dieu qui conduit les événements du monde – lire les gazettes, courriers, feuilles villageoises ou autres feuilles du jour dans un temps si riche en grands événements, c'est lire quasi l'histoire des œuvres de Dieu.

Chaque ami de Dieu aime à reconnaître les œuvres de Dieu. Et chaque citoyen s'intéresse à ce qui peut intéresser sa patrie.

S'il y a des exceptions à cette règle, elles viennent principalement des défauts de l'éducation.

Or, comme c'est le sexe féminin qui influe le plus sur notre éducation, que c'est lui qui façonne presque seul les premières années de notre vie, et donne la première direction à nos goûts, et à nos passions et inclinations, on aime aujourd'hui très fort que ce sexe s'instruise aussi des règles et avantages de notre nouvelle Constitution.

C'est pour cela que partout l'accès aux séances et lectures des amis de la Constitution est ouvert aux femmes, même la salle des séances de notre auguste Assemblée nationale.

Il est de notre devoir de seconder des vœux généreux aussi justes que ceux-là ; c'est pour cela que nous ferons notre lecture de dimanche au soir à l'église, au lieu du poêle d'école. Nous y inviterons les personnes du sexe qui voudront et pourront y assister. Elles pourront le faire maintenant sans inconvénient, vu que la lecture se fait le soir, savoir à cinq heures du soir.

Si elles se mettent dans les derniers bancs vers la muraille, elles ne gêneront point du tout.

Lecture des nouvelles du jour
(8 mai 1791), AMS, 323-13.

Valeur du livre

Bientôt on donnera des livres d'école à gagner à ceux seulement qui :

1. Sont hors d'état de les acheter à tous leurs enfants.

2. Sont diligents avec toute leur famille, brûlent le soir leur lampe, et y travaillent.

3. Promettent, comme d'honnêtes gens, de ne se rendre coupable d'aucune espèce de vol, soit pour faire des traîneaux, soit pour des sabots, hottes ou quoi que ce soit.

Les personnes auxquelles ces trois qualités conviennent, s'annonceront à messieurs les régents et leur déclareront les livres qu'ils souhaitent de gagner.

Les livres qu'on leur accordera ne leur seront évalués qu'à la moitié du prix de sorte que, pour un livre qui coûte douze sols, ils n'aient à travailler que comme s'il n'en coûtait que six.

Lorsqu'il s'agira de travailler, les pères et mères viendront eux-mêmes, ou bien n'enverront que ceux de leurs enfants qui ont assez de force pour travailler avec effet.

Feuillet autographe, MO.

Documentation pédagogique

Il faut avoir des livres et en connaître de bons.

1) Pour vous à la main ; des livres élémentaires ou manuels pour vous fournir de la matière sur tout et vous guider quelquefois dans les instructions comme Funke *Neues Elementäabuch*, Basedow, Junker *Handbuch der gemeinützigste Kentnisse*, Landherd, *Zur Übung in der französische Sprache*, Gedidn *Sichers Vorübungen*, Berthoud, *Bilderbuch*, etc.

A l'égard des livres de figures vous pouvez vous-mêmes en commencer en collant des figures ou estampes qui vous parviendront et qui pourront vous servir pour instruire et divertir la jeunesse et l'enfance.

2) Pour vos élèves, pour les instruire ou les divertir, des livres de lectures et d'étude par exemple :

1 / des livres récréatifs et d'un style facile et aisé, pour donner du goût à la lecture tels que *Lecture pour les enfants*, *L'Ami des enfants* par Rochow, *Sandf et Merton*, *L'Ami des enfants* par Berquin, *Instructions, tirées de l'exemple des animaux* ;

2 / puis de sérieux et plus solides : les *Magazins* par Mme de Beaumont, *Veillées du château, Cours de voyage*, *Robinson* ;

3 / enfin des livres de sciences : le *Coup d'œil, Histoire de la nature* de Berq, *Spectacle de la nature*, et ceux cités plus haut, voyez colonne précédente. Ajoutez encore (des livres) pour l'histoire naturelle et la botanique en allemand [...].

3) Extraits méthodiques ou en liaison *(Zuzammenhängende Ausgabe)* pour en faire des cahiers élémentaires que vous mettrez pour base dans vos instructions. Vous en ferez ainsi sur chaque partie quand les idées claires que vous aurez sur le total de la science vous le permettront. Vous les ferez encore d'après le besoin de l'élève et sa capacité en n'appuyant principalement que sur les objets pratiques ou usuels et applicables dans la vie commune.

Pour cet effet vous pouvez copier mot à mot ou extraire en partie les cahiers élémentaires suivants qui se trouvent dans la maison :

Copier les cahiers des :

1. Mammifères *(Säugetier)* ; 2. Oiseaux ; 3. Amphibiens ; 4. Poissons ; 5. Insectes ; 6. Vers.
7. Cahier de botanique, qui traite de la philosophie des plantes, ou de leur structure et de leur classification.
8. Plantes médicinales.
9. Cahiers de minéralogie tels que les sels, les terres et pierres, les métaux, les bitumes, les pétrifications.
10. Météores *(Lüfterscheinungen)*.
11. Petit cahier d'agriculture.
12. Abrégé de géographie mathématique et physique.
13. Premier cours de géographie politique.
14. Psychologie *(Seelen Lehre)*.
15. Des chansons et cantiques, dans les trois cahiers suivants : 1) cahier de chansons pour les enfants ;

2) *Chansons innocentes et intéressantes pour l'usage de la jeunesse* ; 3) *Cantiques spirituels.* Vous les copiez aussi des *Opuscules sacrés et lyriques,* Paris, 1772 et du *Petit cantique spirituel dédié aux religieuses,* Bruyère, 1785.

A extraire des cahiers plus grands ceux du calcul, de la technologie, de la physique, de la chimie, de la physiologie et de la physionomie, enfin d'histoire.

De plus il y a encore divers cahiers de religion qui pourront vous devenir utiles, surtout pour l'instruction. Tels sont le *Renouvellement de l'alliance de baptême,* l'*Administration des revenus et aumônes,* le *Rapport des choses terrestres avec les spirituelles, les Pierres précieuses* extraites de Jeanne Leade, de Swedenborg et autres révélations.

Circulaire aux régents
(2 feuilles autographes sans indication de date), AMS, 360.

TEXTE 5 : ÉCOLES

Voyage scolaire et éducatif

De là, en traversant la *Dreisam* et l'*Elz,* j'arrivais à *Köndringen* territoire du margrave de Bade [...] On répartit le temps scolaire en classes d'été et d'hiver. En été chaque enfant fréquente l'école durant deux heures, ce temps est porté à cinq heures en hiver. (Cinq heures ! Cela me paraît trop. La robustesse si utile aux paysans doit en souffrir : le fait est que les enfants me paraissent assez pâles). Mais le niveau auquel on arrive à mener les élèves est étonnant. Parfait en lecture, écriture, calcul, beaucoup de connaissances religieuses et d'un grand nombre de proverbes, une habileté quasi professorale dans une partie de la géométrie et de ses démonstrations [...] Au fil du discours je m'aperçois que les pratiques du Conseiller presbytéral Sander suscitent de forts antagonismes. Il est de taille à se défendre. Mais comme les deux parties ont beaucoup de bon sens et d'habilité, on ne cherche aucun terrain d'entente, et à mon avis des deux côtés on exagère.

1) La contrepartie ne veut pas que l'on apprenne des chants, etc. par cœur et a même obtenu un interdit officiel à ce sujet.

M. Sander rétorque que l'exercice de la mémoire est une semence, la raison et le cœur en feront la moisson. La parole de Dieu est (la) semence qui un jour sous sa bénédiction germe et prend racine. Enlève la semence ou ne la donne pas, que peut-il alors germer dans un âge avancé ?

On pourrait dire que l'argumentation de M. Sander est fondée au départ mais qu'elle perd de sa crédibilité par la suite. Il n'est pas besoin d'apprendre autant par cœur comme on en a l'habitude ici, pour avoir assez de semence. Là où il y en a trop, comme dans un grenier, rien ne pousse.

2) Toutes les classes, petites et grandes, fréquentent l'école de concert sauf pour le cours de géométrie. De cette façon on ne perd pas de temps à traîner dans la rue. On n'a pas l'occasion de prendre de mauvaises habitudes. Les petits apprennent des grands. Tous profitent des mêmes leçons à leur niveau et au même moment dans beaucoup de matières. Comme par exemple en chant. En procédant ainsi, on économise beaucoup de temps. Les enfants arrivent à plus de perfection, et peuvent prétendre être confirmés dès leur treizième année.

La contrepartie dit : les enfants doivent être dégoûtés d'entendre la même chose pendant tant d'années. Ils n'ont plus goût à apprendre. C'est comme dans certaines régions de France où en guise de torture, on enfonce un entonnoir dans la bouche des malfaiteurs et on y verse de l'eau à pleins seaux jusqu'à ce qu'ils avouent. La santé et les forces physiques si nécessaires aux paysans en souffrent, deux ou trois heures devraient suffire. Il conviendrait plutôt de rallonger la scolarité de deux ou trois ans.

3) La contrepartie dit : il règne de toute façon trop de contrainte dans le Comté du Hochberg ; la liberté naturelle des gens devrait être davantage respectée. Un moindre degré de perfection serait plus bénéfique si l'on n'obtient par là l'adhésion du public (bonne volonté). Au travers de trop de contraintes, de surveillance des faits et gestes, on étouffe la moralité, etc.

Schul und Erziehungs Reise (1778), MO.

Discours sur la méthode

Méthode concernant :

1. La discipline.

La jeunesse doit fréquenter les écoles jusqu'à l'âge de 15 à 16 ans. Il faut :

— séparer les deux sexes dans la même classe ;
— tenir le registre des écoliers ;
— lire chaque fois le catalogue et marquer les absents sur la table noire ;
— marquer sur les listes en différentes colonnes les progrès et les mœurs des écoliers, de même que leur âge.

2. L'enseignement.

Pour enseigner les lettres d'une manière enjouée, on s'est servi de pyramides et de dés sur lesquels étaient tracées des lettres que les enfants dessinaient. On leur avait fait chanter auparavant l'alphabet. On leur traçait les lettres sur la table noire, et ils les imitaient avec de la craie.

Pour leur faire oublier le patois et apprendre le français, on leur faisait nommer les objets, dont on leur montrait la figure [...].

Ils écrivaient des verbes à l'école et à la maison. Les copies et les traductions étaient examinées et corrigées d'abord par leurs camarades, puis par les régents.

Les écoliers apprenaient à lire distinctement, avec connaissance ; on leur racontait auparavant ce qu'ils allaient lire.

On les faisait écrire à la dictée.

Les chiffres leur étaient présentés à la table ; ils les imitaient en en proposant la valeur. D'abord les chiffres arabes ou vulgaires, ensuite aussi les romains.

On les accoutumait à calculer par cœur, ensuite aussi sur le papier.

Pour exercer leur mémoire on leur faisait apprendre et réciter distinctement et avec le ton convenable de la voix des hymnes, et raconter ce qu'ils avaient lu à la maison.

Chaque école devait durer deux heures. D'abord les trois classes étaient enseignées ensemble. Ensuite on congédiait les plus faibles pour continuer les leçons aux deux autres classes, puis la seconde, enfin la troisième.

Le citoyen ministre de la paroisse avait monté une petite bibliothèque de campagne composée de livres amusants et utiles, qu'il prêtait ou qu'il prête encore à tous ceux qui aimaient la lecture. Il possède un petit cabinet d'histoire naturelle et un herbier à l'usage des écoliers. Il est parvenu, pour le dire en passant, à composer un thé national de santé en espèces d'herbes du Ban de la Roche.

L'émulation.

Les écoliers montaient et descendaient suivant leur degré de savoir et d'attention. Cette attention était stimulée par la chasse ainsi appelée, exercice de vitesse à chercher dans quelque livre des passages indiqués, ou d'exactitude dans la lecture et l'analyse, en indiquant la veille l'exercice du lendemain pour voir qui aurait l'esprit de s'y préparer.

De plus, par des récitations publiques faites au temple à la face de toutes les communes par les écoliers, lesquels en même temps donnaient des preuves de leurs progrès dans le dessin ou la peinture, idem dans la calligraphie.

La diligence et l'attention étaient récompensées de différentes manières :

1. Par de petits présents en crayons, papier, plumes, figures, cartes géographiques, couleurs, pinceaux, etc. donnés sur le champ ou après les examens solennels de semestre. Là, il y avait même des récompenses pour les régents qui avaient su former le plus de bons sujets.

Les écoliers récompensés devaient aider les régents pour quelque temps. On tenait le registre des récompenses. La paroisse donnant à peine de quoi vivoter au citoyen ministre, les fonds pour ces présents ou récompenses proviennent des secours que de bons citoyens, surtout de Strasbourg, fournissaient. Les nombreux pensionnaires envoyés au Ban de la Roche pour fréquenter les écoles y donnaient surtout occasion de par les promotions :

— d'une classe de la même école à l'autre dans les intervalles de semestres ;
— d'une école à l'autre tous les six mois.

Livres utiles jusqu'ici : *Orbis pictus*, *Alphabet* (Stuber), *Cantique, Coup d'œil de la nature, Histoire de la Bible, L'Ami des enfants, La Déclaration des droits de l'homme et du citoyen,* cartes géographiques gravées en bois sans dénomination à comparer avec les cartes ordinaires.

Lois et règlements, Registre Écoles (1778), MO, p. 9-10.

Programme de l'enseignement primaire

Table journalière des leçons de la grande école.

Dimanche. Le dimanche aussi, un fidèle maître d'école ne manquera pas de se rendre utile, soit aux écoliers dont il est le tendre et paternel conducteur, soit aux adultes, pour leur donner le goût des sciences utiles et libérales, et les détourner des plaisirs frivoles et bestiaux.

Tous les jours.

1. Voir et parapher ce que les écoliers ont écrit à la maison et leur montrer les fautes.

2. Lire tous les jours le catalogue, et marquer les absents.

Lundi.

Épeler et analyser dans l'alphabet, épeler et lire dans un autre livre, dicter en épelant, haute analyse ou déclinaisons et conjugaisons, examiner avec douceur ce que les enfants ont fait d'utile pendant le dimanche. Les bonnes œuvres qu'ils ont faites, les livres qu'ils ont lu, les extraits qu'ils en ont tiré, les dessins et autres jolies et bonnes choses, ce qu'ils ont retenu des instructions dans l'église, et si sans une nécessité absolue ils n'ont pas négligé l'église.

Mardi.

Épeler et analyser dans un autre livre, lire dans un autre livre, colloquer, calculer, une histoire de la Bible, livret d'arithmétique, chasse.

Mercredi.

Épeler par cœur, lire dans un autre livre, dicter, examen, haute analyse, calculer, chanter.

Jeudi.

Epeler et analyser dans l'alphabet, lire dans l'alphabet, colloquer, chiffres romains, allemand, livre d'arithmétique, notes et chant.

Vendredi.

Épeler et analyser dans l'alphabet, lire dans un autre livre, écrire d'après un modèle, calculer, examen d'un chapitre de la Bible, qu'on aura recommandé aux enfants de lire à la maison, chanter.

Samedi.

Lecture générale de la récitation, etc., examen analytique de la leçon dans le catéchisme, réciter, calculer, allemand, géographie, chanter.

Livres utiles jusqu'ici : *Orbis pictus, Histoire de la Bible, L'Ami des enfants, La Déclaration des droits de l'homme et du citoyen,* cartes géographiques gravées en bois sans dénomination à comparer avec les cartes ordinaires.

Lois et règlements, Registre Écoles (1778), MO, p. 11.

Formation continue des enseignants

Messieurs les Régents !

Ci-devant nos écoles étaient excellentes. Depuis longtemps elles sont tombées au-dessous de médiocre. Tâchons de les rétablir.

Je vous invite à copier la table des leçons ci-jointe [...]

Il serait peut-être utile de rétablir aussi vos visites d'écoles. Vous êtes sept. Que chaque semaine l'un d'entre vous fasse à son tour une visite dans telle autre école qu'il lui plaira, après en avoir conféré avec celui auquel il veut faire visite, et que le dimanche auparavant il me dise où et quand. Jamais je n'ai vu écolâtrer un autre sans en avoir tiré quelque profit pour moi. De cette manière le tour de chacun ne reviendra que de sept en sept semaines. Michel Scheppler ferait le commencement, puis Théophile Scheidecker, et ainsi en montant vers l'ancienneté [...]

(Je n'admettrai plus à la grande École Générale ni au concours pour les prix que ceux qui, dans tous les trois articles principaux et essentiels, comme lecture, écriture, calcul savent au moins passablement bien = 4.)

Le dimanche après sa visite, le visiteur voudra bien m'en faire un rapport de bouche. Lors de sa visite, il pourra se faire accompagner par ses écoliers les plus avancés.

Lois et règlements, Registre Écoles (novembre 1802), MO.

Messieurs les régents !

[...]

2. Le premier lundi du mois de janvier, vous tiendrez (s'il n'y a pas d'autre empêchement) une école générale dans laquelle se traitera la lecture coulante et l'écriture coulante.

3. Pour la lecture coulante, vous aurez 50 témoignages de mérite à distribuer aux plus habiles.

L'écriture se fera sans épeler haut. L'école finie, vous corrigerez ensemble le premier période ou premier point de toutes ses écritures, et à la prochaine école générale, on rendra les cahiers et distribuera aussi 50 billets entre les plus habiles.

4. Quinze jours après ce premier lundi se fera la deuxième école générale. On y examinera la connaissance sensée de l'alphabet et le calcul. Pour chaque chose 50 billets.

5. Quinze jours après, on examinera l'allemand et on fera écrire d'après le modèle. Encore 50 billets pour chaque chose.

6. Puis après le même intervalle, la géographie et les lettres bâtardes. Pour ces dernières, il s'entend sans dire qu'il faut pourvoir vos écoliers de plumes taillées expressément.

7. Enfin le dernier lundi, ce sera les conjugaisons ou déclinaisons et les lettres cassées. Toujours 50 billets par article.

8. On communiquera ce projet aux écoliers mêmes, pour que les sages et braves d'entre eux puissent s'y préparer.

9. Les écoles se feront et commenceront indépendamment de mon absence ou présence.

10. Vous conviendrez entre vous de l'heure, et me la communiquerez. celui d'entre vous qui ne s'y trouvera pas à l'heure fixée, souffrira pour chaque fois une perte de 6 sous, qui lui seront déduits du prix de la Fondation. Mais s'il manque une école, l'amende sera de 20 sous, ou comme vous jugerez de la fixer entre vous.

11. Les écoliers conserveront leurs billets. Après les fêtes de Pâques, je leur ferai un marché où on achètera et paiera en billets les choses qui leur seront étalées. Le billet vaut un petit pfennig ou 4 valent un sou.

Lois et règlements, Registre Écoles (1788), MO, p. 3.

Rapport d'inspection

Lundi passé je fus voir l'école de Belmont où j'ai observé que l'écriture d'après le modèle ne se corrigeait pas exactement. Les écoliers écrivent différentes lignes. Le maître corrige sans avoir le modèle à côté et sans suivre les lignes, mais par-ci par-là au hasard, et sans venir colloquer d'après les fautes. Il me semble que pour corriger avec justice et que cela fasse de l'effet sur les enfants, il faut :

1 / Que tous les enfants écrivent la même ligne.
2 / Corriger devant l'enfant, le modèle à côté, pour tâcher de le convaincre (s'il est possible) de la faute qui est dans la lettre qu'on lui efface.
3 / Si on ne peut pas corriger toute la page, prendre de chaque enfant le même nombre de lignes pour corriger.
4 / Colloquer les enfants d'après leurs fautes afin qu'ils sachent où ils en sont.

J'ai encore observé que les enfants prononcent mal les consonnes ; je crois qu'ils épellent trop vite ; il faudrait les faire épeler fort lentement afin que : 1) le maître puisse bien comprendre où est la faute de prononciation ; 2) la faire bien sentir à l'enfant.

Par ce moyen je crois que l'on aurait aussi un peu plus de facilité à leur faire sentir la différence entre ON et AN.

Je n'ai rien trouvé qui à mon avis soit imitable.

Visite de l'école de Belmont (note non datée), MO.

Formation des adultes

Observations sur les écritures des adultes.

1) Parmi les écritures que j'ai reçues jusqu'ici des adultes, il y en a plusieurs qui m'ont fait grand plaisir.

2) Pour ce qui concerne le calcul, je vous prie de ne pas donner des exemples vagues et insignifiants, mais des exemples appliqués aux circonstances de la vie et de votre situation. Plusieurs adultes n'en donnent pas d'autre. Par exemple, entre des centaines qu'on peut donner :

1 / Vous allez à Barr et y vendez des denrées pour 7 livres 14 sous. Vous y achetez des marchandises pour 3 livres 10 sous. Vous dépensez 5 sous. Combien vous reste-t-il ?

2 / Vous devez à un ouvrier 5 livres 3 sous, mais vous lui avez travaillé pour 7 livres 9 sous. Combien cet ouvrier vous doit-il encore ?

3 / Quelqu'un donne à Dieu les trois dîmes de son revenu. Hors de ces dîmes il paye le percepteur pour les impôts, et la mime de ces dîmes il la consacre pour les missions. Or il a gagné 25 F 50 centimes. Combien y aura-t-il pour les missions ? Au percepteur il doit payer 80 centimes. Combien y aura-t-il encore pour les choses divines, et combien pour les pauvres ?

4 / Eux cinq entreprennent ensemble un ouvrage, ils y gagnent 27 F 60 centimes. Combien chacun en tirera-t-il ?

5 / Si une fille tricote tous les dimanches environ un tiers d'un bas d'homme, combien de paires de bas de charité cela donnera-t-il en un an ? Et si elle commence cette bonne œuvre en entrant à l'âge de 15 ans jusqu'à son mariage, supposé à l'âge de 26 ans, combien y en aura-t-il alors ? Et si étant mariée elle continue cette bonne œuvre, autant que faire ce peut, et que l'un portant l'autre elle emploie environ dix dimanches pour achever un pareil bas, en continuant jusqu'à sa mort à l'âge de 70 ans, combien aura-t-elle fait de bas de charité en tout ?

6 / Enfin les conventions des femmes avec les tisserands pour les diverses espèces de toile barrées, combien n'offrent-elles de différents exemples de calcul appliqué ?

3) Quant à ceux qui n'entendent rien à tout cela je les prie de ne pas rester tranquille dans cet état. Vous jouissez de la vue, de l'ouïe, vous avez du loisir au moins les dimanches, et vous pouvez avoir des maîtres, profitez de ces dons de Dieu, pour que vous puissiez justifier devant lui, quand il vous en fera rendre compte.

4) J'ai trouvé plusieurs écritures belles, et dont les caractères sont si fermes, nets et réguliers, qu'il ne s'en trouve pas beaucoup de pareils dans les écritures des écoliers actuels. En général les progrès de nos écoliers se ressentent encore des suites de la Révolution.

5) Quelques peintures aussi des adultes sont si belles, qu'elles peuvent servir de modèle, et que je les emploierais comme tels.

6) Mais quelques adultes ne se souviennent plus qu'en coupant un mot à la fin d'une ligne, il faut couper par

syllabe, et qu'on ose séparer les lettres d'une même syllabe. Par exemple :

— le mot « heure », l'heure est venue, je n'ose pas écrire le h à la fin de la ligne, et eure sur la ligne suivante, car ce mot est composé de deux syllabes : l'heu—re ;
— le mot « celui » se coupe aussi en deux syllabes : ce—lui. Je n'ose donc pas mettre cel sur une ligne, et sur l'autre lui ;
— le mot « promptitude » est composé de quatre syllabes : promp—ti—tu—de. Les lettres de chaque syllabe sont inséparables, et je n'ose pas mettre pro sur la fin d'une ligne et le m de cette syllabe sur l'autre.

7) On fait bien d'ajouter à son nom, encore au moins le nom du père et du village, mais on fait mieux d'y ajouter celui de la mère, et la date de sa naissance. Et si quelqu'un ne sait pas le jour de sa naissance, il fait bien de s'en informer. Car les jours de la naissance et du baptême et de la confirmation doivent être à chacun des jours [...] et pour ceux qui sont mariés aussi le jour de leur union et pour les veufs et veuves encore le jour où Dieu a séparé pour un temps les deux époux, pour les unir tous deux d'autant plus intimement au Seigneur Jésus-Christ, la source de toute vraie félicité et union durable.

1806, janvier, AMS.

TEXTE 6 : POÊLES A TRICOTER

Naissance de l'institution

Depuis les deux années que j'exerce mes fonctions, l'éducation négligée de tant d'enfants dans ma paroisse m'a toujours causé beaucoup de chagrin, c'est un véritable fardeau qui pesait sur mon cœur. Je fis toujours des tentatives pour acheter ou pour bâtir une maison, afin d'en faire un véritable établissement d'éducation, mais mes efforts furent infructueux. J'apprends enfin, c'était en hiver 1769, que Sara Banzet, de Belmont, qui avait été servante chez mon prédécesseur, y avait appris à tricoter de manière très convenable et que, de son propre mouvement, elle enseignait le tricotage aux enfants de son village ; mais son père, paraît-il, en était mécontent parce qu'il y voyait une grande perte de temps.

Cette nouvelle me causa un véritable ravissement. J'allai aussitôt trouver le père et m'entendis avec lui pour que sa fille entra à mon service comme institutrice.

Sources de réflexions..., AMS, 206-II, p. 45.

Écoles à tricoter.

A Belmont

Au commencement de l'année j'ai loué Sara Banzet de Jean Louis le Vieux de Belmont, pour 2 louis d'or par an pour la mettre maîtresse à tricoter à Belmont. Son père l'entretient de tout.

J'ai loué le poêle de derrière de Jean Nicolas Haseman, de Belmont, pour 6 louis par an dans le même but.

A Bellefosse

Le 26 de mars, j'ai loué en partie Madeleine Banzet de Jean-Jacques de Bellefosse, pour 1 louis d'or par an. 3 jours la semaine elle enseignera les enfants et les 3 autres elle travaillera pour son père qui au reste l'entretient de tout.

A Waldersbach

Le même jour je fis accord avec Catherine Gagnière de Jean de Bellefosse. Elle enseignera tous les jours et le profit de son travail, comme des deux ci-dessus, sera à moi. Je lui donne logement, nourriture et 1 1/2 louis d'or par an = 18 F.

Écoles à tricoter, *Annales du Ban de la Roche* (1770), MO, p. 6.

Recrutement des conductrices

Poêle à tricoter au Pendbois (Bambois).

Le dernier jour de mai, je me trouvais au Pendbois de Belmont. Les petits enfants de cet endroit se précipitèrent autour de moi. Je ne pus contenir mes larmes lorsque je constatais d'une part leur tendre jeunesse et d'autre part leur mauvaise éducation en un lieu où maudire, gronder, jurer, frapper, se battre est plus abondant que le pain.

Je priais instamment le cher Sauveur de leur donner à eux aussi une surveillante, mais une surveillante pieuse. Je fis mon possible pour en trouver une. J'en fis la demande à Marie Bohy fille de F. J. G. au Trouchy. La réticence de la mère fut à la hauteur du dévouement de la fille. Je m'y rendis moi-même, mais me vis opposer un refus accompagner de nombreuses excuses bien typiques de la nature humaine et de l'esprit de ce monde. Je la repris avec vigueur, lui je n'allais plus l'importuner avec pareille demande et que je n'accepterais d'ailleurs plus sa fille, à moins qu'elle, la mère, ne vienne personnellement demander pardon à Dieu et lui proposer sa fille pour le servir... je partis sur ces entrefaites. Cela se passa le lundi 2 mai.

Juin.

Le mardi je fis venir la femme de Jean-Marc Loux de Waldersbach et lui demandai de la même façon les services de sa fille en échange d'un petit dédommagement. Jadis elle pensait de façon matérialiste, mais le dimanche précédent elle avait été très touchée pendant le culte divin. Ma proposition la fit fondre en larmes, elle accorda sa fille pour le service du Seigneur et sans tenir compte de sa situation matérielle, elle se défendit contre tout dédommagement. Mais je la convainquis de rechercher une servante dont j'assumerais le salaire.

A peine la femme fut-elle partie que son mari vint pour une autre raison. Je lui racontai ce pourquoi j'avais fait venir sa femme et l'attitude édifiante qu'elle avait adoptée. Il fut touché jusqu'aux larmes et ne trouva plus ses mots tant sa joie était grande d'apprendre le changement de mentalité de son épouse.

Le lendemain, mercredi, dès cinq heures du matin, vint Marie Bohy, ci-dessus nommée, et m'assura que sa mère regrettait infiniment sa conduite si peu chrétienne et qu'elle ne trouvait plus le repos. Ce mardi même, dit-elle, sa mère était allée à Sollbach chez le bailli pour discuter de la chose et je devais à présent employer sa fille à l'éducation des enfants selon mes vœux.

Poêle à tricoter à Solbach. Deux nouvelles surveillantes de la tendre jeunesse.

Nous en avions donc deux pour une.

J'avais depuis longtemps souhaité une surveillante pour les enfants de Solbach, mais je n'avais pas encore assez confiance en l'aide de Dieu pour me mettre déjà à la recherche de quelqu'un pour ces enfants-là, car je ne savais pas encore comment je pourrais faire face, avec celle du Pendbois, sans compter les trois premières.

Mais puisque notre Dieu bien aimé m'offrait lui-même ce cadeau rare et difficile à trouver, deux bonnes surveillantes, pourquoi ne donnerait-il pas aussi leur pain et leurs habits, lui qui nourrit les corbeaux et habille les lys ? Je me jette donc de nouveau avec un profond sentiment de reconnaissance dans ses bras bienveillants, et le loue pour les nombreuses bénédictions qu'il témoigne avec tant de largesse à ses brebis de ma propre paroisse.

L'Éternel met son plaisir en ceux qui le craignent et qui espèrent en sa miséricorde, Amen.

Le dimanche 9 juin ces deux nouvelles surveillantes furent présentées à l'église de Waldersbach, l'après-midi à l'heure de la prière, selon le rite liturgique décrit des pages 111 à 118.

Accord avec elles.

Voici l'accord que j'ai fait avec elles et leurs parents.

1. Elles seront entièrement à moi et comme mes servantes, à moins qu'un mariage, maladie des parents ou autre accident n'y mette de l'obstacle.

2. Je leur fournis tout et les entretiens en tout sans exception.

3. Je donne à leurs mères une servante à leurs places et je paye le gage de ces servantes. (Le même accord a lieu pour Madeleine Banzet de Bellefosse).

4. L'accord commence depuis la semaine avant leur présentation à l'église.

Annales du Ban de la Roche (1771), MO, p. 50-52.

Petite église dans l'Église ?

Vous me demandez s'il y a ici une *ecclesiola in ecclesia.* Je ne sais vraiment que dire, ni comment répondre, ni par quel bout commencer. J'ai essayé la chose de toutes sortes de manières. Le premier mouvement naquit il y a au moins trente ans parmi les enfants, par le biais des leçons de tricot ou des cours des « conductrices de la tendre jeunesse ». Beaucoup de jeunes enfants reproduisirent à la maison une imitation de ce qu'ils avaient vu et entendu au cours de tricot sous forme de récit des épisodes bibliques, de chants, de prières et d'exhortation d'une touchante naïveté, le tout en français, parfois à l'adresse de leurs parents lorsque ceux-ci disaient ou faisaient quelque chose de désagréable au Seigneur. Satan ayant mesuré le danger, il suscita de violentes persécutions sous toutes sortes de prétextes fallacieux. On menaça les conductrices de les fusiller ou de leur casser le crâne, on prétendit qu'elles étaient mes espionnes, voire même mes maîtresses, on me calomnia auprès des autorités de Strasbourg, on alla jusqu'à mobiliser mon excellent devancier Stuber contre moi et contre cette cause et il me pressa de mettre une fin rapide à toute l'affaire. Mais rien n'y fit : mes 7 conductrices, mon excellente épouse et moi-même, tous ensemble nous avons tenu bon et sommes allés de l'avant avec courage car nous savions et sentions que la chose venait de Dieu et qu'il était avec nous. Peu à peu la tempête s'apaisa et nombre de nos adversaires du début louèrent Dieu que nous n'ayons pas abandonné.

Ce qui nous a frappé et redonné courage fut le fait suivant : dans tous les villages catholiques-romains environnants mes ennemis répandaient à la ronde le bruit que moi, le pasteur, je ne me contentais pas d'une seule épouse, mais que j'avais encore 7 concubines, alors que les prêtres catholiques-romains n'ont pas de femme du tout. Or non seulement on ne voulut les écouter nulle part, mais à bien des endroits ils s'attirèrent cette sévère remarque : « Faut-il que vous soyez méchants de répandre de tels bruits, votre pasteur nous le connaissons et nous savons qu'il est homme de Dieu nous serions bien heureux que tous nos prêtres puissent lui ressembler. »

Lettre à la Convention des prédicateurs (2 mai 1808), AMS, 172.

Institution républicaine ?

Je reçus, il y a quelques jours, un extrait du procès-verbal de la Convention nationale du 16 Fructidor de l'an II de la République une et indivisible, où il fut fait mention honorable de mon bon et loyal prédécesseur Stuber, et de moi, pour nos efforts à franciser, cultiver, civiliser les habitants des cinq villages et trois hameaux, sur lesquels nous osions travailler au Ban de la Roche.

Je fus extrêmement surpris de cet honneur inattendu, et encore ne sais-je trouver des expressions pour témoigner la vive reconnaissance, dont je fus pénétré.

Mon embarras est d'autant plus grand, que ma langue maternelle étant l'allemand, sachant à force de lecture assez de français pour ma chère vallée, je reste court vis-à-vis de Français, nés français. Agréez, Citoyens représentants, agréez l'assurance, que je vis de cœur et d'âme, de talents et de toutes mes forces pour la République française.

La Convention Nationale me témoigne son approbation de mes soins pour introduire ici la langue française. Peut-être oserais-je vous présenter une petite description de la méthode, dont je me suis principalement servi :

Il y a environ vingt-sept ans que j'établis huit institutrices pour les huit villages et hameaux. Ces bonnes filles, instruites par feu ma femme et moi, montraient à leurs jeunes élèves, des figures d'histoires, d'animaux et de plantes où j'avais écrit les noms en français et en patois, puis elles les leur disaient et faisaient répéter à tous en français.

Pour occuper en même temps les mains, elles leur apprenaient le tricotage, inconnu jusqu'alors dans cette contrée. Puis elles les amusaient par des jeux qui donnaient de l'exercice au corps, dégourdissaient les membres, contribuaient à leur santé et leur apprenaient à jouer honnêtement et sans se quereller. Dans les beaux jours on les menait à la promenade, là les enfants cueillaient des plantes et les conductrices les leur nommaient et leur faisaient répéter les noms. Toutes ces instructions avaient l'air d'un jeu, d'un amusement continuel.

J'ai une petite collection d'histoire naturelle, de productions de l'art, d'instruments de joueurs de gobelets, le tout au service des institutrices. Quand le zèle des élèves commençait un peu à se ralentir, un nouveau miracle de notre façon les excitait de nouveau et ravivait leur goût à apprendre. J'ai oublié de parler des petites cartes géographiques que j'ai taillées en bois, par le moyen desquelles mes chers petits élèves se familiarisaient peu à peu avec tous les pays du monde.

Quand une institutrice m'avertit, que les élèves avaient bien saisi leur tâche de plantes, animaux, histoires, cartes géographiques, elle osait produire ses élèves à l'église assemblée, et les enfants montraient leurs progrès avec une gaieté, avec une extase, qui faisait pleurer les vieux. De plus par cette répétition ou récitation publique je réussis à enseigner aux vieux ce qui leur était utile, mais que je n'aurais pas eu l'occasion de leur apprendre. Par ces moyens cette petite peuplade, jadis parfaitement ignorante, est métamorphosée et le français est quasi la langue maternelle de toutes les familles qui ont bien voulu se laisser civiliser, quoique les leçons de ces institutrices, pour éviter le dégoût des maîtresses et des élèves, ne se donnassent qu'un ou deux jours par semaine, et qu'elles ne se donnent aujourd'hui qu'autant par décade.

Comme par lesdits travaux, j'ai eu le bonheur de prévenir les vœux du Comité d'instruction et de la Convention nationale, je ne souhaite rien tant que d'avoir la satisfaction d'oser consacrer le reste de mes jours à l'instruction de cette contrée.

Que Dieu conserve la République et confonde ses ennemis.

Lettre au président de la Convention (9 Vendémiaire an III), D.-E. Stoeber (1831), *Vie de J.-F. Oberlin pasteur à Waldersbach*, Paris, Strasbourg et Londres, Treuttel & Würtz, p. 314-316.

Discours sur la méthode

Il y a huit jours que j'ai reçu le diplôme d'inscription, dont vous m'avez honoré. J'en fus surpris et assez confus, agréez en mes très sincères et très intimes remerciements. Je serais ravi, si j'étais capable de concourir en quelque façon à votre but noble et bienfaisant, mais je n'ose plus l'espérer.

Par votre programme, Messieurs, du 15 germinal XI vous demandez : « Quels sont les moyens de propager la connaissance et l'usage de la langue française parmi les habitants des départements de la République où la langue vulgaire est l'allemand ? »...

Je n'entreprends pas de répondre à cette question d'une manière à concourir au prix, la place que j'occupe dévore absolument toutes mes forces physiques et intellectuelles, et même s'il s'en faut beaucoup qu'elles puissent suffire aux travaux qui devraient se faire. Mais vous me permettrez peut-être de vous communiquer la manière dont je me suis pris pour introduire le français dans ce pays patois.

Malgré les travaux infatigables et ingénieux de mon excellent devancier, feu M. Stuber, je trouvais, lorsque j'entrai dans ma paroisse, il y a 36 ans passés, des personnes, surtout des femmes, avec lesquelles je ne pus m'entretenir sans truchement, et des écoliers de 18 ans, qui ne me comprenaient que très imparfaitement et souvent de travers. Ma paroisse comprend 5 villages et 3 hameaux. Dans tous ces endroits j'envoyai successivement des institutrices, sous le nom de conductrices de la tendre jeunesse. C'était des filles à talents et d'une excellente volonté. Nous les louâmes de leurs parents comme servantes. Feu ma femme leur apprit à tricoter[1]... leur montrèrent des histoires de la Sainte Écriture, les leur racontèrent d'abord en patois, puis en français, et les leur firent répéter assez souvent. Je fis une collection de figures d'animaux, collées sur des papiers blancs, où j'écrivis les noms des animaux et quelques détails inté-

1. A ce niveau se trouve une note manuscrite d'Oberlin. Il faut que la copiste ait sauté plusieurs lignes en cet endroit;

ressants. J'imprimai des plantes, et y écrivis les noms français, patois et allemands, et quelquefois les vertus et qualités de ces plantes. Je leur mis en main des petites cartes générales du planiglobe et des 4 parties du monde. Un ami me traduisit des chansons allemandes en français.

Tout cela fournissait à la conductrice de quoi occuper et amuser les enfants toute la journée, et de la matière à jaser. Puis on les promenait, leur montrait les plantes en nature, et les faisait jouer et sauter en présence de la conductrice, qui se mêlait elle-même parmi leurs jeux. Par ces moyens les enfants apprirent bientôt plus de français, que leurs parents n'en savaient ; plusieurs enfants mêmes se désaccoutumèrent du patois et introduisirent peu à peu le français dans leurs familles. Cependant il fallut vaincre bien des difficultés et des obstacles, qui se succédaient plus ou moins suivant les endroits.

La conductrice, que nous envoyâmes au hameau appelé le Pendbois rencontra une difficulté singulière. Elle ne sait pas un mot d'allemand, et là cependant il y eut des enfants qui ne savaient d'autre langue que l'allemand. Les autres enfants étaient patois, et entre ceux-ci il y en eut heureusement qui savaient aussi un peu de mauvais allemand. Or, voici comment la conductrice s'y prit : elle montra l'histoire peinte, expliqua en patois ce que chaque figure représentait (car les enfants, n'ayant jamais vu aucune figure peinte ou dessinée, ne reconnurent ni arbre, maison, montagne, animal, homme, ni aucune autre figure). Un enfant truchement l'expliquait aux enfants allemands dans leur langue. Les figures étant connues, la conductrice raconta l'histoire en patois, et le petit truchement la traduisit dans son mauvais allemand. Actuellement les patois et les allemands avaient donc saisi le fait raconté. Alors seulement la conductrice leur dit pièce par pièce en français, en la leur faisant répéter, ce qui occasionna souvent de grands éclats de rire, tant le français semblait chose nouvelle et singulière à ces petits sauvages.

Quand l'une ou l'autre conductrice avait réussi à dresser les élèves pour quelques histoires, une carte de géographie, un cahier de plantes ou d'animaux, un cantique à chanter par cœur, elle osait les produire à l'église, où, rangés à l'entoure de l'autel, ils eurent l'occasion de donner les preuves de leurs progrès, dont souvent les vieux étaient stupéfaits, et versaient des larmes de joie. Et alors les persécutions et les menaces que nous avions eu à soutenir, se calmèrent peu à peu. La plupart des campagnards se raidissent avec une opiniâtreté inconcevable contre ce qu'ils appellent nouveauté, quelque salutaire et excellente qu'elle soit, et j'étais trop heureux d'oser faire cultiver leurs enfants, sans qu'il leur en coûtât un denier. Je m'armais de patience et de persévérance, et je ne tardais pas à moissonner leurs remerciements et bénédictions.

Je joins quelques figures d'animaux et plantes imprimées telles que nous les employons dans les écoles de conductrices et ai l'honneur de vous présenter l'hommage de mon respect.

Correspondance avec la Société d'agriculture sciences et arts
du département du Bas-Rhin séante à Strasbourg,
(3 vendémiaire XII), AMS, 323-325.

TEXTE 7 : UN RÉSEAU COMPLEXE D'INFLUENCES

Portraits

Jean-Georges Stuber

Un homme hors du commun !

Je vais noter ici comme cela me vient, ce que je sais de son caractère. Extrêmement ordonné – aime à ranger et en fait autant dans les choses morales – Très clair dans son discours, tombe cependant souvent dans des longueurs et s'y égare, sans s'en rendre compte ; mais ses auditeurs en sont d'autant plus conscients. A de l'esprit mais son esprit tombe par moments dans le mesquin.

Très inventif – remarquablement doué pour rénover les paroisses incultes. Un habile pédagogue. Musicien théorique – possède aussi un talent pour la poésie, dont il n'y a pas l'ombre chez moi.

Extrêmement loyal – sans attendrissement – Inconstant dans ses opinions et ses décisions – quelque peu obstiné – rusé et prudent comme un serpent ou un Jésuite, et sans plus de fausseté qu'une colombe.

Il a plus accompli que six pasteurs ordinaires. Il a une imagination qui lui fait souvent illusion – par ex. il arriva quelque chose (1784), il l'apprit, se figura toute l'histoire, avec source et développement, avec la cause et les conséquences et les circonstances, et bientôt se prit à y croire. Ce cas s'est déjà produit entre lui, le cher et fidèle ami, et moi. De là vient peut-être sa grande crainte du fanatisme et sa mise en garde contre lui – et de là il tombe carrément dans l'incrédulité et le scepticisme.

Silhouette commentée de Stuber (1784), AMS, 285.

Henri Grégoire

A monsieur Grégoire,

Monsieur, vous exigez mon jugement sur vos silhouettes. Permettez de vous dire qu'à cet égard vous ne pensez à ce que vous faites : vous allez me compromettre, me prostituer. Je dois écrire ce que je ne sais point ; quand on sait quelques lettres de l'alphabet d'une langue des plus riches, sait-on pour cela cette langue ? Mais soit ! Qu'on juge de moi ce qu'on voudra : j'offre à votre amitié le sacrifice d'une partie de mon honneur.

Voici donc ce que je crois entrevoir dans votre silhouette :

— le front, le nez : très heureux, très productifs, ingénieux ;
— le front haut, renversé, avec ce petit enfoncement : un jugement mâle, beaucoup d'esprit, point ou guère d'entêtement, prêt à écouter son adversaire ; idées claires, et désir d'en avoir de tout ;
— le nez : fin, délicat, bienflairant ; *witzig* ou spirituel, plein de bonnes réparties et saillies heureuses – mais bien impérieux. L'acquisition de la profonde et cordiale humilité évangélique vous fera un peu de peine ; elle sera en vous vertu acquise. En attendant votre esprit y supplée et en substitue l'apparence ;
— la bouche : talent admirable d'un bon parleur, fin moqueur, excellent satirique. La bonté de votre cœur qui ne veut que le bonheur de tous contient ce don dans les justes bornes, de sorte que la société en moissonne mille agréments sans avoir à craindre l'aiguillon qui y gît en puissance *(latet quoad potentiam),* à moins que ce ne soit dans le moment d'une colère passagère à laquelle de pareils nez doivent être un peu sujets, un peu beaucoup ! C'est une bouche qui ne reste en dette envers personne et paye argent comptant, intérêt et capital, etc. ;
— le menton : hardi, actif, entreprenant, sans être trop étourdi ; car il y en a qui le sont bien davantage ;
— le tout : un homme peu tranquille qui par son activité et sa capacité peut faire beaucoup de bien à la société.

M. Dieudonné a de tout un peu moins. Point de saillies malignes ou guère, mais tant plus de sensibilité, de disposition à souffrir intérieurement, à être offensé et affligé. La bonté lui est naturelle.

*Sur la silhouette est portée l'inscription suivante : Henri Grégoire. Curé d'Emberménil en Lorraine, à 4 lieues de Lunéville, 9 de Senone (s), 34 ans, 1785.

Analyse des silhouettes des abbés Grégoire et Dieudonné (juillet 1787), AMS, 428 III.

Correspondance

A l'abbé Grégoire

Au citoyen Grégoire, représentant du peuple à la Convention nationale.

Citoyen représentant, cher ami,

Il n'est pas possible d'exprimer mon étonnement lorsque je reçus l'extrait honorable du procès-verbal de la Convention nationale. C'est sans doute à toi, belle et chère âme, que je dois cette distinction. Elle me vint très à propos, car il y a des gens qui prennent un singulier plaisir à ravaler ceux qui, altérés et consumés de la soif du bonheur public, leur semblent des fous écervelés. Ils voudraient faire croire que les sciences les plus essentielles mêmes, et les bonnes mœurs et les vertus ne sont plus de mise aujourd'hui. Je souffris tranquillement ma portion. Mais quelle a été la joie des bons et la surprise des malveillants, quand, par cet extrait, mes adversaires ont été convaincus que la Convention nationale veut des lumières et de la vertu, et qu'elle honore et distingue quiconque s'applique à les répandre. Le président de notre Société populaire a eu des nouvelles de cet extrait me l'a fait demander et l'a lu à la Société, au temple de l'Éternel. Ah, citoyen ! Que tu aurais eu de la satisfaction en voyant couler les larmes de joie et de gratitude des yeux de tous les gens de bien, les seuls vrais républicains, d'après le propre sens de ce terme ! Comme cela se fit vers la fin de la séance, on se sépara en bénissant la Convention nationale et en faisant des vœux pour sa conservation et celle des personnes qui ont fait naître cet extrait.

Adieu, cher ami. Salut, fraternité et gratitude de la part de ton très touché Oberlin.

P.-S. Le 10, avant d'aller au club, je reçus ton *Rapport sur le vandalisme*. J'en commençai d'abord la lecture et l'explication des termes inconnus à nos montagnards. Agrée l'expression de la gratitude de mon cœur.

Lettre à l'abbé Grégoire (9 vendémiaire de l'an III, 30 septembre 1794), *in* D.-E. Stoeber (1831), *Vie de J.-F. Oberlin pasteur à Waldersbach,* Paris, Strasbourg et Londres, Treuttel & Würtz, p. 484-486.

De Pestalozzi

Monsieur Legrand père.

Yverdon, 11 novembre 1810.

Très cher ami ! Je prends la liberté de vous recommander Monsieur Jullien qui traversera votre région dans son voyage vers Paris. C'est un excellent ami de mon institut, qui se donne de la peine depuis de nombreuses années pour connaître mieux tout ce qui contribue à la formation du peuple et à son éducation, et comme il a beaucoup entendu parler ici de l'institution de Monsieur Oberlin, il souhaiterait en avoir une connaissance plus précise. Et parce que je connais d'une part votre amitié et en même temps sais que vous avez une connaissance parfaite de l'institution d'Oberlin, j'ai donc voulu vous prier de lui fournir autant de renseignements qu'il vous soit possible à ce sujet.

Cher Legrand, je me porte encore bien pour mes vieux jours. Cela ferait la joie de ma vieillesse si avant mon décès je pouvais vous rencontrer une dernière fois. Je vous prie de présenter mes respects à votre noble épouse et à toute votre maison, et recevez l'assurance de ma véritable grande estime, qui restera éternelle.

Votre ami très cher et serviteur, Pestalozzi.

P.-S. Toutes mes amitiés à Monsieur Oberlin et toute sa maison.

J. H. Pestalozzi (11 novembre 1810), *Sämmtliche Schriften,* Band 7, lettre 2255, p. 147.

A Jung-Stilling

Le *Steinthal*, le Ban de la Roche est de langue française et entouré presque de tous les côtés de Français catholiques-romains. Comme j'y suis en poste déjà depuis 38 ans je suis bien connu parmi eux, et Dieu merci très aimé d'un grand nombre. Mais les notions de catholique et protestant représentent une énorme pierre d'achoppement ; car catholique veut dire chez eux orthodoxie selon l'enseignement de Jésus et des apôtres, donc les protestants ne sont pas seulement les non-catholiques mais surtout ceux qui protestent contre tout un chacun. C'est ainsi que les romains se le représentent, c'est ainsi que leurs curés leur en font l'exégèse et j'ai été amicalement informé de cette objection par de chers romains. J'en étais très content, et rétablissais la vérité en montrant qu'en réalité seuls les vrais disciples, élèves et successeurs de Jésus sont d'authentiques catholiques, par conséquent moi aussi, etc. Alors leur visage s'éclairait, ils reprenaient leur respiration et me regardaient tout à fait différemment car le mur de séparation était brisé.

Depuis je signe communément de la même manière mes lettres « *Ministre du culte catholique évangélique* » et mes Ban de la Rochois se nomment le plus souvent catholiques-évangéliques, afin de favoriser le rapprochement et d'adoucir la haine amère qui avait été implantée dans le cœur des romains français.

Lettre à Jung-Stilling (1805), AMS, 183.

La physiognomonie

La physiognomique traite du rapport entre les qualités intérieures et la figure extérieure.

Tout l'extérieur est l'expression de l'intérieur. Toutes les propriétés spirituelles avec toutes leurs nuances s'expriment dans les nuances des figurations corporelles, de sorte que le corps est modelé sur l'âme.

C'est une étude immensément vaste à cause de l'immense différence qui se trouve en tout ce qui nous entoure.

Dans tous les temps il y a eu des personnes, qui plus que d'autres se sont appliquées à l'étude de cette science, principalement parmi les anciens Grecs et Romains. Nous en avons les preuves dans ces nombreuses sculptures, qui nous restent encore de ces temps reculés, des chefs-d'œuvre qui expriment d'une manière si parlante les passions, dont devaient être animés ceux qu'ils voulaient représenter.

Pour nous, essayons d'en tracer un tout petit ABC, un petit essai.

1. Toutes les qualités de l'âme et de l'esprit s'expriment par quelque trait au-dehors.

2. A mesure qu'un homme devient meilleur, plus posé, plus raisonnable, plus doux, plus humble, il se fait insensiblement des petits changements sur les parties molles de son visage, quoique le fond de la figure reste.

3. Mais il arrive la même chose à celui qui se corrompt davantage et devient plus méchant, orgueilleux, ou voluptueux, présomptueux, etc., de même qu'à celui qui affecte les vertus qu'il n'a pas, ou à l'hypocrite.

4. On peut donc appliquer ici aussi le principe, que le Seigneur a donné à ses disciples sur un autre sujet en disant : « Une seule chose est nécessaire », c'est-à-dire : veux-tu rendre ta physionomie meilleure, plus intéres-

sante, plus agréable, plus respectable, poursuis la seule chose pour laquelle tu es ici : ta sanctification. Ainsi oublie ta figure, et tâche de devenir vraiment meilleur intérieurement, plus humble, plus serviable, plus indulgent, plus modeste, plus loyal, franc et véridique, plus fidèle, plus sobre, plus modéré, plus charitable. Si tu fais cela, tes efforts et tes progrès ne peuvent que s'exprimer par des traits analogues, et ton visage deviendra de soi-même insensiblement plus aimable et plus intéressant.

5. Toute partie saillante décèle une promptitude, un empressement à se montrer, à s'avancer, dans la propriété de l'âme, qui est analogue à ce membre, ou qui par lui est représenté.

Les fronts avancés sont opiniâtres ou entêtés. Les fronts perpendiculaires et hauts le sont aussi mais d'une autre manière. Par exemple : on ne voit guère que les mentons saillants ou avançants en deçà de la bouche se cachent ou se retirent et évitent d'être vus ; comme sont les mentons retirés ou reculés.

Et rarement les hommes à grand nez restent-ils en dette pour une réponse, et les nez à bossettes pour des saillies.

6. Ordinairement le défaut d'une qualité est compensé par une autre qualité. Par exemple le défaut de courage est compensé par la ruse, ou la ruse accompagne ordinairement la timidité. De même la violence du caractère est ordinairement accompagnée de la générosité et de la magnanimité. Tout comme l'opiniâtreté l'est ordinairement par la sensibilité.

7. Il y a en nous un mélange singulier de qualités, souvent même de très contradictoires. Supposez par exemple un homme qui ait le menton retiré, il aura donc de la timidité, et une portion de ruse sa compagne. Mais le même homme aurait l'œil très perçant et l'os des sourcils fort saillants ; le voilà fort rassuré par sa pénétration. Supposez-lui encore une poitrine et des épaules fort

larges, cela décèlerait du calme, du courage et de la force. Voilà donc un homme timide et courageux en même temps avec tous les accessoires de l'une et de l'autre de ces deux qualités. Selon les circonstances où il se trouve, sa timidité pourra l'engager quelquefois à déguiser la vérité, il pourra être tenté à devenir un peu hypocrite et faux, tandis que son courage, sa pénétration et son calme le font être véridique et franc.

Pour le combat, il ne l'aimera pas d'abord, il l'évitera. Mais lorsqu'on le pousse à bout, il ne craint plus, il ne cède pas, il se dresse et combat vaillamment. Tel est le lion.

8. Tous n'ont pas les qualités, au moins pas dans un degré éminent, pour lesquelles ils ont reçu une disposition naturelle. Par exemple : tel, dont la conformation de la bouche, semblable à celle des poissons, semble n'indiquer que le désir de recevoir et d'amasser, fait dix fois plus de bien que tel autre, dont la tournure et la conformation de la bouche semble celle de la bienfaisance même.

Mais le premier a peut-être reçu une éducation, par laquelle la charité active a obtenu la première place entre les passions. Et l'autre en a peut-être reçu une diamétralement opposée, de façon qu'étant bon naturellement et enclin à la bienfaisance, il est si occupé des besoins de sa propre personne, et peut-être en même temps commode, léger et nonchalant, qu'il ne lui reste rien ou guère pour les autres.

Il n'en est pas pour cela moins vrai, que la bouche du premier peut être celle de l'avarice, et la bouche du second celle de la bonté et bienfaisance, parce que le fond de la première conformation est resté, puisque d'autres traits qui depuis sont survenus décèlent les changements qui se sont faits peu à peu dans les deux caractères.

9. D'après tout cela il est aisé à présumer quelle est la physionomie et la figure des personnes qui par la mort

ont déposé ce corps terrestre. C'est plus précisément l'expression de l'intérieur. Là, rien ne peut être caché ; aucun mouvement du cœur, aucun penchant à la vertu ou aux vices. Déjà ce corps terrestre, quoiqu'il soit fait d'une masse de chair compacte et d'ossements fermes et durs, ne peut empêcher les mouvements de haine, de colère, les épanchements de l'amitié, etc., à percer à nos yeux. Mais le corps spirituel étant fait d'une étoffe infiniment plus déliée, plus subtile, cède tout autrement promptement, et se laisse modifier par tous les moindres changements et mouvements qui se font dans l'intérieur.

Par conséquent les vertueux deviennent toujours plus beaux, et les méchants plus laids, à mesure qu'ils avancent les uns dans l'abandon à leurs passions et les autres dans le combat contre elles.

Un mot sur la physiognomique (III vendémiaire 9), AMS, 55, p. 32-33.

La phrénologie

Voltaire qui voyait souvent le ridicule là où il n'était pas, mais qui ne manquait jamais de le saisir là où il était réellement, se moque avec beaucoup de gaieté, d'esprit et de raison des singulières idées de Maupertuis, qui voulait percer un trou jusqu'au centre de la terre, établir une ville latine, éconduire sans paiement les médecins lorsqu'ils ne guérissent pas, guérir les malades en les enduisant de poix-résine et disséquer les cerveaux des Patagons pour y découvrir la nature de l'âme. La diatribe du docteur Akakia, pièce originale, remplie de sel et d'agréments, fait justice de ces folles visions. Il est vrai que s'abandonnant bientôt à ce caractère d'irascibilité qui ne lui permettait pas de garder quelque modération dans les disputes littéraires, le docteur Akakia finit par reprocher à Maupertuis d'avoir l'œil petit et rond, la perruque de même, la physionomie mauvaise, le nez écrasé, le visage plat, injures où il n'y a ni délicatesse, ni esprit et qui ne pouvent rien contre la dissection des cerveaux. Je ne sais si Voltaire s'en serait pris à la perruque du docteur Gall, à sa physionomie, à son nez et à son visage, mais il se serait vraisemblablement fort égayé aux dépends du professeur de Vienne, qui renouvelle la doctrine de l'académicien de Berlin avec des additions, des développements et des conséquences qui le rendent cent fois plus ridicule encore.

Toutes nos facultés morales et intellectuelles, selon le docteur Gall, toutes nos qualités, tous nos vices, nos passions, nos dispositions aux sciences, aux beaux arts, aux arts mécaniques, résident dans le cerveau et sont le produit de certaines bosses du crâne plus ou moins développées et différemment situées. Cela est indiscutable, car comment disputer avec un homme qui a acheté pour dix-neuf mille francs de crânes, entre autres celui du général Wurmser, et qui effraye tellement tous les Allemands qui sans doute ne sont pas contents des bosses de leurs têtes, que par leurs dispositions testamentaires, ils enjoignent leurs héritiers de ne pas permettre que leur crâne aille enrichir la collection du docteur Gall ?

Cette admirable science que vous appellerez la cranionomonie ou la craniographie, ou même si vous l'aimez mieux l'encéphalo-cranio-scopie, vous fera donc connaître, en tâtant les crânes de votre prochain, si tel homme est peintre, si tel autre est musicien, si celui-ci aime sa femme et ses enfants et si sa femme et ses enfants le lui rendent, etc.

Bien différente de ces sciences qui sont d'autant plus difficiles qu'elles sont plus extraordinaires et qu'elles ont de plus grands résultats, celle-ci, la plus belle de toutes, est en même temps la plus aisée ; en effet, pour peu que vous ayez le talent de l'observation, c'est-à-dire que vous soyez pourvus au moins d'une petite bosse derrière le devant du front, étendez votre main comme si vous vouliez jouer de l'harmonica, et tâtez à droite et à gauche les cerveaux, avec toute la surface intérieure de votre avant-main ; lorsque vous rencontrerez de ces jolies petites têtes bien rondes, soyez sûrs qu'elles appartiennent à des sots ; mais lorsqu'il vous tombera sous la main de fortes proéminences, des protubérances bien conditionnées, concluez hardiment que l'homme doué de ces heureux signes a un grand caractère, des qualités distinguées, des passions fortes et énergiques.

Si, par exemple, on rencontre une grosse bosse à environ un pouce derrière et au-dessus du trou auditif, où l'angle inférieur du sommet de la tête (le pariétal), se réunit avec l'occipital et la partie de l'apophyse temporale, on ne peut douter que ce signe n'appartienne à un homme extrêmement courageux et qui le sera jusqu'à ce que sa bosse soit réduite en bouillie. Mais qu'on y prenne bien garde ; si l'on se trompait sur les dimensions données, croyant admirer un homme plein de bravoure, on admirerait un cruel assassin, un féroce meurtrier. L'organe du meurtre est en effet très voisin de celui du courage, quoiqu'il y ait souvent beaucoup de lâcheté à assassiner.

L'organe de la bonté est dans une protubérance au milieu du front comme on le voit dans la brebis et la colombe : « Heureux qui pourra trouver ce trait caractéristique sur le front de son ami ! Plus heureux celui qui le pressera de ses lèvres sur le front d'une maîtresse adorée ou d'une épouse chérie !... Que le malheureux qui porte une cavité en cet endroit se couvre d'une profonde perruque, qu'il s'enfonce le chapeau sur les yeux, ou plutôt qu'il fuit dans les déserts le regard des hommes que Gall vient d'instruire. » [...]

Voulez-vous savoir si une femme est coquette ? Tâtez-lui la structure squameuse du temporal. Je ne sais au reste si les femmes seront contentes du docteur Gall ; il ne croit guère, il est vrai, à leur vertu, parce qu'elle est incompatible avec certaines bosses ou cavités de leur cerveau ; mais aussi il excuse toutes leurs faiblesses, parce qu'elles sont un effet nécessaire du développement de ces organes, et cela est très commode. Mais son système ne l'est pas moins pour les hommes. Toutes leurs fautes, tous leurs crimes même seront une conséquence de la forme de leur crâne. Comment Robespierre n'eut-il pas été cruel ? Il avait une cavité effroyable entre les deux yeux au lieu de la protubérance qu'y forme la bonté. Lorsque les juges condamnent à mort un assassin, il pourrait leur tenir ce petit discours : « Messieurs, étendez votre main, comme si vouliez jouer de l'harmonica, posez la surface intérieure de votre avant-main au-dessus de mon oreille ; voyez quelle bosse ! Pouvais-je me dispenser de tuer mon prochain ? On peut à la vérité résister à une petite bosse, mais la mienne est énorme. Si vous ne vous rendez pas à la force de cette apologie, permettez-moi à mon tour de jouer de l'harmonica sur vos crânes, et je me fais fort d'y découvrir la cavité de l'injustice et la bosse de l'obstination. »

Les membres du cabinet de Vienne, peu contents, sans doute, des bosses de leur crâne et intéressés à proscrire la doctrine de l'encéphalocraniologie, suspendirent les leçons du docteur Gall, attendu, disent-ils, que cette nouvelle doctrine de la tête bouleverse toutes les têtes et tend à saper les fondements de la morale et à propager le matérialisme. Je ne sais si le docteur Gall portait l'audace de l'irréligion jusqu'à cet excès qui révolte dans l'ouvrage de son traducteur et de son commentateur ; mais si l'on rit de l'aveugle confiance avec laquelle celui-ci adopte des rêveries fort au-dessous de Peau d'âne, et de la ridicule emphase avec laquelle il les débite, on est indigné de voir un homme si crédule sur de pareilles inepties, attaquer la crédulité de ceux qui admettent les opinions les plus respectables et les mieux démontrées, insulter la religion des hommes les plus éclairés et les plus vertueux, placer la croyance en Dieu, le respect de la religion ou la religiosophie dans une bosse du crâne, qui a aussi la propriété de partager les cheveux, de les faire tomber des deux côtés de la tête ; regarder l'athéisme comme l'état naturel de l'homme, n'admettre que les êtres qui tombent sous les sens, nous placer au niveau, ou même au-dessous des bêtes, voilà donc les nobles et consolantes découvertes de la philosophie. Les hommes religieux aussi ont eu leurs rêveries, mais qu'elles sont différentes des rêveries philosophiques ! Voyez les erreurs de Malebranche : en supposant (ce qui n'est pas démontré) que ce sont des erreurs, elles élèvent l'âme, elles ennoblissent notre être, elles inspirent l'amour de la vertu, elles nous associent à la divinité. Les erreurs des philosophes, au contraire, nous ravalent jusqu'aux animaux ; elles nous dégradent dans la vie présente et nous offernt dans l'avenir un vide affreux et un néant éternel.

Telle est la doctrine, je ne dis pas du docteur Gall, cela est au moins douteux, mais de son commentateur. Il l'établit dans le texte et dans de longues notes ; ces notes sont dignes du texte ; l'auteur y paraît jaloux de la prospérité des uns, il insulte le malheur des autres, il outrage la religion par de grossières impiétés, la décence par un langage de tripot et de lieux plus mauvais encore, le bon goût par les plus détestables plaisanteries. Il allonge ces notes en copiant tantôt dix pages de l'un, tantôt vingt pages d'un autre, en y mettant de longs passages de Lucrèce et d'Ovide, et beaucoup de vers de Delille, qui sont souvent assez mal à propos cités, mais qu'on y trouve cependant avec plaisir parce que de beaux vers sont toujours très propres à reposer agréablement le lecteur fatigué d'une mauvaise prose.

Réflexions sur l'ouvrage intitulé,
Exposition de la doctrine physionomique de Gall (1803), AMS, 60.

A propos de la Révolution

Tout ce qui arrive de nos jours doit être comparé à un samedi : on nettoie tout pour que tout soit propre le dimanche. On met tous les meubles hors de l'appartement, l'on renverse tout sens dessus dessous pour ôter la poussière. On époussette, on bat, on brosse, le désordre est épouvantable ; on se trouve dans un nuage de poussière qui empêche d'y voir, de respirer dans tout ce tumulte, il y a des pieds et des bras disloqués, il y a quelques meubles cassés, mais on raccommode tout cela sur de nouveaux frais et on les consolide mieux qu'ils ne l'étaient en premier lieu. En attendant, le salon se trouve récuré, les meubles y sont replacés, les uns après les autres ; l'ordre et la propreté succèdent au désordre et sont les fruits de ce terrible bouleversement. Le dimanche arrive, tout est beau et reluisant. Le maître qui s'était absenté le samedi, rentre.

Propos de J.-F. Oberlin
rapportés dans le journal d'Octavie de Berckheim (1889),
Extrait du journal de Mlle Octavie De Beckheim, Neuchâtel,
Paris, Delachaux & Niestlé, p. 110-111.

Bibliographie

ŒUVRES DE JEAN-FRÉDÉRIC OBERLIN

Les manuscrits et autographes du pasteur Oberlin sont conservés au musée Oberlin (F67 130 Walderbach) pour une part, et aux Archives municipales de Strasbourg d'autre part.

Voici la liste des principaux registres que le chercheur pourra consulter au musée Oberlin :

— *Annales du Ban de la Roche* (commencées en 1770).
— *Caisse d'emprunt* (t. I et II).
— *Écoles.*
— *Économie rurale.*
— *« Einkauf » ou approvisionnement pour la librairie* (commencé en 1776).
— *Les institutions des bienfaits et aumônes* (t. I et II).
— *Maison curiale et les appartenances.*
— *Registre des sépultures.*

Le musée Oberlin présente aux visiteurs les témoignages de l'activité que le pasteur a déployée au Ban de la Roche de 1767 à 1826.

Le fonds Oberlin des Archives municipales de Strasbourg comporte un très grand nombre de pièces autographes laissées par le pasteur et ses proches, rédigées en français ou en allemand. Une base de données thématique d'environs 700 rubriques primaires, facilite l'orientation des chercheurs :

— Mariotte J. Y., *Catalogue des manuscrits du fonds Oberlin (15 NA)*, Archives municipales de Strasbourg, 1993.

ÉTUDES SUR OBERLIN

Parmi les travaux sur Oberlin on retiendra :

Atkins S., *Memoirs of John Frederic Oberlin, pastor of Waldbach in the Ban de la Roche,* London, 1831.

Burchardt W., *Johann Friedrich Oberlin's Pfarrer im Steinthal, Vollständige Lebengescichte und gesammelte Schriften,* Stuttgart, Scheible, Rieger & Satitler, 1843.

Chalmel L., *La petite école dans l'école. Origine piétiste-morave de l'école maternelle française,* Paris, Berne, Peter Lang, 1996.

Goursolas F., *J.-F. Oberlin pasteur « catholique-évangélique »,* Paris, Albatros, 1985.

Leenhardt C., *La vie de J.-F. Oberlin de D.-E. Stoeber, refondue sur un plan nouveau, complétée et augmentée de nombreux documents inédits,* Paris et Nancy, Berger-Levrault, 1911.

Parisot E., *Jean-Frédéric Oberlin un éducateur moderne au XVIIIe siècle,* Paris, A. Colin, 1907.

Pscolla E., *Jean-Frédéric Oberlin.* Strasbourg, Oberlin, 1985.

Spach L., *Oberlin pasteur au Ban de la Roche,* Paris et Strasbourg, Berger-Levrault, 1866.

Stoeber D.-E., *Vie de J.-F. Oberlin pasteur à Waldbach,* Paris, Strasbourg et Londres, Treuttel et Würtz, 1831.

Imprimé en France
Imprimerie des Presses Universitaires de France
73, avenue Ronsard, 41100 Vendôme
Juillet 1999 — N° 46 397